海南岛城镇扩展遥感监测图集

闫冬梅　主编

科学出版社

北　京

内 容 简 介

  本图集借鉴联合国 2030 年可持续城市和社区建设的核心思想，综合利用遥感影像数据、统计数据、规划资料，对海南岛 18 个市、县的城镇扩展过程进行制图和分析，构建了海南岛从 1988 年建省以来超过 30 年的城镇建成区变化状况，系统地反映了城镇建设用地的扩展特点，为后期城镇管理规划等部门提供丰富的数据资料。

  本图集可供从事遥感、城市规划、智慧城市等专业领域的科技人员和高等院校相关专业的师生阅读使用。

审图号：琼S（2024）071号

图书在版编目（CIP）数据

海南岛城镇扩展遥感监测图集 / 闫冬梅主编. --北京：科学出版社，2024.12.
-- ISBN 978-7-03-080803-5

Ⅰ. F299.276.6-64

中国国家版本馆CIP数据核字第2024KD1080号

责任编辑：彭胜潮／责任印制：徐晓晨／封面设计：图阅盛世
书籍设计：北京美光设计制版有限公司

科 学 出 版 社 出版
北京东黄城根北街16号
邮政编码：100717
http://www.sciencep.com
北京华联印刷有限公司印刷
科学出版社发行　各地新华书店经销
*
2024年12月第 一 版　开本：889×1194　1/12
2024年12月第一次印刷　印张：15 1/2
字数：350 000
定价：298.00元
（如有印装质量问题，我社负责调换）

《海南岛城镇扩展遥感监测图集》
编 委 会

主　编　闫冬梅

副主编　刘顺喜　滕玲玲　闫　军　孙　颖

编　委　黄青青　陆亚洋　王晓巍　陈博伟

　　　　　　吴宛容　王　萍　郑　武　吴吉梅

　　　　　　孟　瑜　陈静波　岳安志

序

海南岛作为我国南海的一颗璀璨明珠，拥有丰富的自然资源和旅游资源。伴随着海南岛经济的高速发展，其工业化、城镇化步伐加快，特别是随着新型城镇化建设战略的实施，海南岛快速城镇化过程引起了广泛的关注。近年来，随着国家"一带一路"倡议的推进和海南自贸区的建设，海南岛的城镇建设扩展进入了可持续发展的新阶段，城镇化发展面临的机遇和挑战并存。

2015年，联合国通过"2030年可持续发展议程"，构建了实现全球可持续发展的框架体系，成为世界各国的战略要务和行动目标。在17项可持续发展目标（SDGs）中就包含"建设包容、安全、有抵御灾害能力和可持续的城市和人类住区"，旨在通过让城市持续蓬勃发展、改善资源利用、减少污染与贫穷等方式克服城市面临的拥挤、基础设施破坏等挑战。城镇扩展是城市化过程以及土地利用变化最为直接的表现形式，已经成为现阶段土地利用变化研究的前沿和热点问题。

2022年，我国提出城镇化进入以推动城镇化高质量发展为主的新型城镇化战略，强调统筹谋划、因地制宜、重点突破、守住底线等原则。城镇空间规划亟待加强理论基础科学研究和提高科技支撑能力。为协同推进经济高质量发展与生态环境高水平保护，推动形成人与自然和谐发展的城市格局，同时响应联合国"建立包容、安全、弹性的城市和社区"的可持续发展目标和《新城市议程》，海南省科学技术厅设立"基于中高分辨率遥感卫星大数据的城镇群高精度提取和验证"课题，研究海南岛城镇扩展时空特征模式，揭示城市区位和区域发展水平的关系，对海南岛的可持续发展提出建议。

在课题组10余年研究基础上，研究团队编制了《海南岛城镇扩展遥感监测图集》。该图集基于地球大数据和深度学习方法，刻画了30多年来海南岛城市扩展过程（1988—2021年）。该图集汇集了海南岛全岛和18个市、县不同时期城市规模城镇建成区扩展遥感监测专题图图件和相关分析趋势图，直观反映了自1988年以来海南岛城镇建成区建设规模扩展形态、规模和速度，显示了海南岛城镇建成区建设规模扩展时空变化状况和特点。

该图集对于科学认识海南岛当前城镇化的发展态势，识别城镇化过程中存在的问题，从而优化海南岛未来城镇化布局乃至提高城市人居环境质量，都具有重要的参考价值和指导意义。

谨对该图集的出版表示祝贺，使其在海南省城镇可持续发展进程中发挥有益的科学价值。

中国科学院院士

2024年8月9日

前　言

　　城镇扩展是城镇化过程以及城镇土地利用变化最直接的表现形式，是城镇空间布局与结构变化的综合反映。城镇扩展问题不仅是遥感领域研究的热点，而且是社会、经济和环境领域共同关注的重要问题。传统研究中，城镇建设的评价指标主要依赖于社会经济统计数据和城市规划数据，这些数据无法直观反映城镇发展变化的时空关系。遥感技术的引入为获取城镇和城镇之间空间信息提供了一个新的途径。

　　2006 年，我国高分辨率对地观测系统重大专项开始实施，为城镇信息提取提供了重要的数据来源。2013 年 4 月高分一号卫星成功发射以来，已为农业、林业、减灾、国土、环境等行业提供了大量高空间分辨率、高时间分辨率和多光谱分辨率的遥感数据。随着后续卫星的成功发射、数据持续稳定供应和数据处理服务的逐渐完善，投入使用的卫星数据应用成效十分显著，不同分辨率、多时相的遥感数据广泛应用于城镇化研究。广大科研工作者在突破城镇群遥感图像特征提取、多尺度遥感图像城镇群提取、基于深度自学习特征的人工地物提取等关键技术基础上，实现了城镇群的高时效、高精度识别、提取与验证，进而更好地为城市规划部门进行城镇扩张监测分析、城镇群发展空间规划决策等提供信息支持。

　　海南省作为我国最大的经济特区，具有独特的区位优势，是我国与周边国家海上交往的前沿。我国于 1988 年建立海南省，并将全海南岛辟为经济特区。2018 年，我国提出以海南岛全岛建设中国（海南）自由贸易试验区；2020 年我国明确在海南建设中国特色自由贸易港。35 年间，海南城镇建设经历了不同的发展阶段，城镇化水平大幅提升，城镇化进程持续加快，已成为经济社会发展重要动力，为海南高质量发展提供坚实支撑。为揭示海南岛城镇建设规模的时空变化情况，分析城市建设用地扩展与基础设施建设的关系，客观掌握城镇扩展趋势、方向、速率，本图集构建了海南岛从 1988 年建省以来 30 多年的城镇建成区状况，比较系统和完整地反映了城镇建成区的扩展特点，分析城镇建成区扩展与经济发展、人口变化的相互影响。本图集精心选择海南岛有代表性的典型城镇和热点区域，基于长时间序列遥感影像数据和公开权威的统计和基础数据，汇集了海南岛全岛和 18 个市、县不同时期城市扩展遥感监测专题图和相关分析趋势图，可直观了解和掌握海南岛城镇建设规模扩展时空变化状况和特点，为研究海南岛土地管理和城市发展规划提供参考。

　　本图集编制与出版得到海南省科学技术厅的大力支持，在此表示诚挚的感谢。本图集得到了2018 年海南省重点研发计划项目"基于中高分辨率遥感卫星大数据的城镇群高精度提取和验证"（ZDYF2018001）、中国科学院"可持续发展大数据国际研究中心运行经费"（E23Z0501）、2019 年海南省重大科技计划项目"基于天基大数据的海南省生态资源监管关键技术与应用"（ZDKJ2019006）

和香港大学－中国科学院 iEarth 可持续发展联合实验室项目（313GJHZ2022074MI）的资助。在图集编制过程中，侯博文、赵成、兰竹基于深度学习方法为高分辨率遥感图像城镇建成区提取技术提供了算法基础，赵文迪、金姝涵系统整理了海南岛各市、县各年度社会经济统计数据，左健、李青雯对部分城镇卫星数据进行了预处理，并对城镇建成区信息开展了验证，在此一并表示感谢！

　　图集编制各环节复杂繁琐，由于时间紧迫，编者水平有限，图集中难免存在不足之处，敬请读者和同仁批评指正，并提出宝贵建议。

图集编委会

2024 年 8 月 10 日

编 制 说 明

　　海南省所属陆地面积 3.54 万 km²，所属海域面积约 200 万 km²，占全国海洋面积的 2/3，是我国海洋面积最大和陆地面积最小的省。本图集研究范围主要包括海南岛本岛，不含三沙市及所属海域。海南岛的城镇发展水平存在明显差异，建成区区域的变化可以详细地展示出不同城市城镇发展的时空变化。本图集借鉴联合国 2030 年可持续城市和社区建设的核心思想，综合利用遥感影像数据、统计数据和规划资料，对海南岛城镇建成区扩展过程进行制图和分析，为后期城镇管理规划等部门提供丰富的数据资料。

一、　图集主要内容

　　本图集包括四章，分别为：绪论，海南岛城镇扩展遥感监测（1988—2021 年），海南省省会与地级市城镇扩展遥感监测（1988—2021 年），海南岛县级市、县和自治县城镇扩展遥感监测（1988—2021 年）。具体内容见表 1。其中，第 3 章中包括海口市、三亚市、儋州市 3 个地级市，第 4 章中包括 15 个县级市、县及自治县。

表 1　图集内容构成

序号	章名	主要内容
1	绪论	海南省行政区划，海南岛海拔分布，海南岛城镇建成区面积遥感监测（1988—2021 年），海南岛常住人口空间分布，海南岛各市、县生产总值，海南岛 30m 地表覆盖分类（2020 年），海南岛 SDGSAT-1 卫星夜光影像（2022 年）
2	海南岛城镇扩展遥感监测（1988—2021 年）	海南岛建设用地扩展（1988—2021 年），1988 年、1998 年、2008 年、2013 年、2018 年、2021 年六期的海南岛遥感影像图及建成区分布
3	海南省省会与地级市城镇扩展遥感监测（1988—2021 年）	海口市、三亚市、儋州市 3 个地级市的城镇建设扩展遥感监测
4	海南岛县级市、县和自治县城镇扩展遥感监测（1988—2021 年）	15 个县级市、县及自治县的城镇建设扩展遥感监测

二、 城镇扩展遥感监测方法

海南岛城镇建设遥感监测瞄准 1988—2021 年海南岛 18 个主要城镇扩展过程,监测 1988 年、1998 年、2008 年、2013 年、2018 年和 2021 年共 6 期海南岛城镇建设扩展,其中 1988 年、1998 年、2008 年为 10 年监测周期,2013 年、2018 年为 5 年监测周期,2021 年为 3 年监测周期。

1. 城镇扩展遥感监测内容

城镇建成区遥感监测对象为城镇群范围内除农村居民点外的城镇建设用地与交通基础设施用地,具体包括城市主建成区建设用地、新城新区范围内的建设用地、城市间大型基础设施用地和区县城镇建设用地。

（1）城市主建成区建设用地:主要包括城市主建成区,距主建成区边缘小于等于 5 km 且面积大于 0.5 km² 的集中连片建设用地,包括距主建成区边缘较近、路网建设基本成型的工业园区。

（2）新城新区建设用地:主要包括距城市主建成区边缘大于 5 km 且面积大于 1 km² 的集中连片建设用地。

（3）城市间大型基础设施用地:主要作为城市间对外联系通道的大型铁路、公路、机场、港口码头等用地。

（4）区县城镇建设用地:主要包括区、县、镇政府所在地建设用地及面积大于 0.5 km² 的集中连片乡（镇）建设用地和工业园区。

城镇扩展遥感监测的主要对象是城镇建设用地面积的变化。变化监测是通过比较多个不同时相的遥感图像而检测出来的,在基于遥感数据为主要信息源进行城镇扩展的监测与分析的同时,采用人机交互全数字分析方法,直接获取变化区域及其属性。在监测变化过程中,以海南岛 2008 年度的遥感影像为监测标准图,解译监测城镇中心建成区信息,采用动态更新方法,逐渐完成其他各时期城市扩展监测,直至完成 2021 年城镇建设扩展遥感监测工作。

2. 城镇扩展监测数据源

本图集使用的数据主要包括遥感图像数据、统计年鉴数据、基础地理信息数据和其他辅助数据。①遥感图像数据:主要包括美国陆地卫星 Landsat 影像、高分一号卫星（GF-1）、高分一号 B/C/D 卫星 [（GF-1）B/C/D]、高分六号卫星（GF-6）;②统计年鉴数据:1988—2021 年历年海南省统计年鉴数据,使用统计年鉴中的 GDP 数据和人口数据;③基础地理信息数据,包括海南省各市、县的行政边界;④其他辅助数据,主要包括海南省及各市、县国土空间规划材料（2020—2035 年）。

3. 城镇扩展遥感监测的主要技术方法

利用深度学习语义分割方法，对高分辨率遥感卫星数据进行城镇区域提取，将深度学习运用于遥感影像城镇区域中建成区的提取分割，通过行政矢量数据和夜间灯光数据等先验知识，结合专家经验解译分析城镇区域特征，确定大致城镇区域范围。采用深度学习提取影像不同尺度下的语义特征，构建城镇群提取有效的特征集，并与先验特征融合，进一步提取城镇群的边界。城镇群定义为由县级以上建制镇和中小城市构成的城镇密集分布区域，其范围由上述行政范围内的建成区组合而成。城镇内部含有公园、水体、绿地等非不透水层的地区，整体提取时会形成空洞，但这些区域相对城镇区域不透水层区域较少，在后处理中采用一些策略填补空洞。通过对多时相影像进行处理，获得多期的城镇区域范围，开展城镇变化时序分析，形成城镇群专题产品制图。

为了保证遥感解译数据的质量，对 6 期遥感数据进行统一的质量控制，遥感影像均投影转换到通用横轴墨卡托（universal transverse Mercator, UTM）投影，中央经线为东经 111°，几何校正之后平面误差控制到 2 个像元之内。对提取出来的城镇建成区的边界，应用人机交互的方式进行人工核查，对有异议的地方通过更高分辨率影像资料判读，部分区域通过外业实地调查等方法进行验证，以满足制图要求。

三、 图集编制技术和方法

1. 编制制图大纲

首先起草编制和修订图集大纲，设计图集各图组的主题要素和内容。在同一大纲的指导下，开展海南岛及 18 个市、县城镇建设扩展遥感监测等专题图的编制工作。

2. 制作城镇建成区专题图和统计图

针对各类数据进行处理：①对遥感数据进行正射校正、数据融合、图像镶嵌、建成区遥感图像解译等处理。②对统计表格数据，经检校后生成各类统计图表。在地理空间数据和统计分析数据质量保障的前提下，根据主题设计，生成电子地图。依据地图数学要素、地理要素和辅助要素三原则，设计相应的地图投影、制图网和比例尺等数学要素；对城镇建设区域变化与社会经济要素核心内容的 GDP、人口等加以制图和统计分析；同时，对图名、图号、图例和文字说明等辅助要素进行设计与编写。

3. 地图编稿审查和编辑校对

图集使用数字制图方式，进行编辑和校稿工作。各电子地图生成后，按统一的技术规格，对前期内容进行图幅编排整饰和排版设计。从资料使用、内容表达、制作质量等方面对图集内容逐项检查、反馈和修改。

目　录

海口市

临高县

登迈县   定安县

儋州市

屯昌县   琼海市

白沙黎
族自治县

琼中黎族
苗族自治县

第 **1** 章

绪 论

1.1　海南省行政区划

　　海南省位于中国最南端，北以琼州海峡与广东省相邻，西临北部湾与越南相对，东面和南面在南海中与菲律宾、文莱、印度尼西亚和马来西亚相望。

　　海南全省陆地总面积 3.54 万 km²，其中海南岛 3.39 万 km²，海域面积约 200 万 km²。截至 2022 年，全省共有 4 个地级市、5 个县级市、4 个县、6 个自治县，其中：

　　地级市：海口市、三亚市、三沙市、儋州市；

　　县级市：五指山市、文昌市、琼海市、万宁市、东方市；

　　县：定安县、屯昌县、澄迈县、临高县；

　　自治县：白沙黎族自治县、昌江黎族自治县、乐东黎族自治县、陵水黎族自治县、保亭黎族苗族自治县、琼中黎族苗族自治县。

海南省行政区划

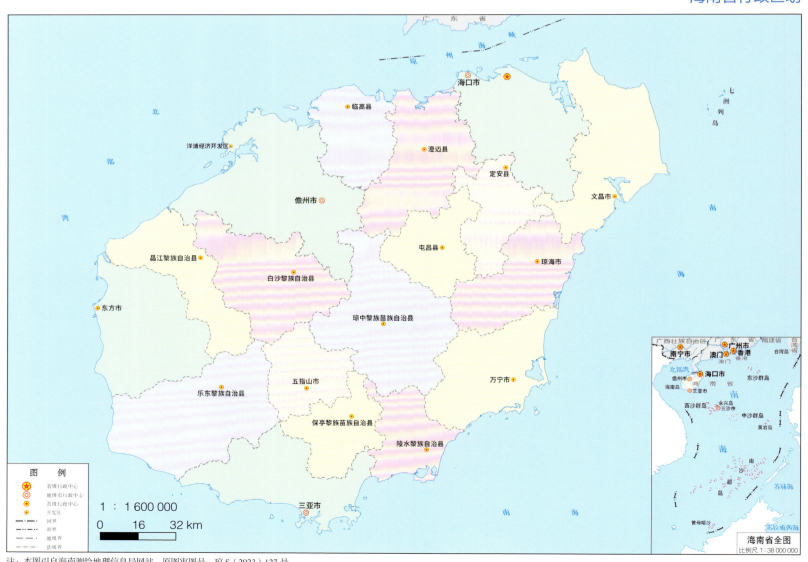

注：本图引自海南测绘地理信息局网站，原图审图号：琼 S（2023）127 号。

1.2　海南岛海拔分布

海南岛海拔分布

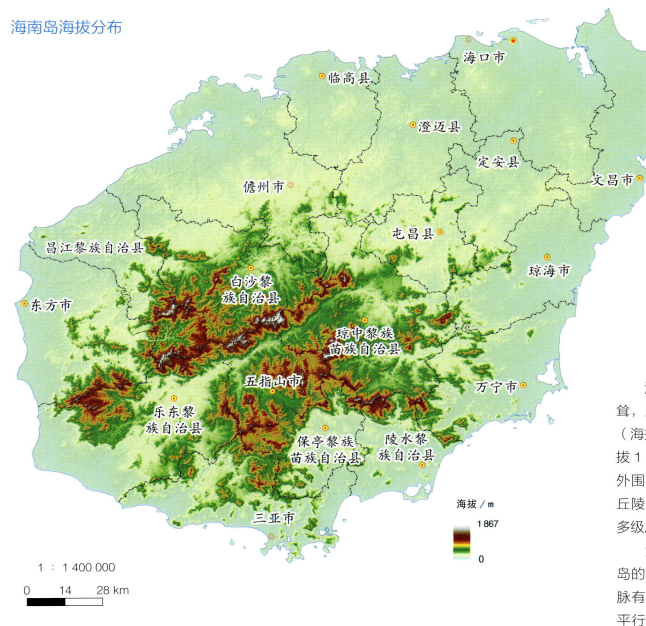

海拔 / m

1 867

0

1 : 1 400 000

0　　14　　28 km

平原 29%

山地 25%

丘陵 13%

台地 33%

海南岛各地形面积占比

海南岛各地形面积占比及分布

	面积占比 /%	分布
山地	25	中部偏南
丘陵	13	山地的外围
台地	33	山地丘陵周围，其中以北部最为广阔
平原	29	北部

　　海南岛四周低平，中间高耸，呈穹隆山地形，以五指山（海拔 1 867 m）、鹦哥岭（海拔 1 812 m）为隆起核心，向外围逐级下降，形成由山地、丘陵、台地和平原构成的环形多级层状地貌，梯级结构明显。

　　海南岛平均海拔约 220 m，岛的中部偏南为山地，主要山脉有三列，呈东北–西南走向平行分布，东列为五指山，中列为黎母岭山脉，西列为雅加大岭山脉。山地外围边缘分布着海拔 100 m 至 500 m 的丘陵，形态浑圆，波状起伏。

　　沿海广布着台地平原，以东北部和西部的范围较宽，南部因为山丘迫近海岸，台地平原较为狭窄。

1.3　海南岛城镇建成区面积遥感监测（1988—2021 年）

城镇建成区，作为衡量城市发展的一个指标，能够反映一个地区的城市化程度，建成区面积的增速也从侧面反映了城市发展的速度。

通过对海南岛城镇化过程的遥感监测，城镇持续扩展的速度不断加快，所有城镇的建成区面积都处于日益扩张的状态。

同时受各个时期社会经济发展状况等诸多因素的影响，海南岛城镇扩展速度具有随时间明显变化的特点。由于发展历史不同，各市、县在人口、民族、地理环境、经济结构、城镇功能和社会经济发展水平等方面均存在显著的差异，使得相应的城镇扩展速度、地理方位、扩展特点的时间差异等均有不同。

海南岛遥感监测城镇建城区面积（1988—2021 年）

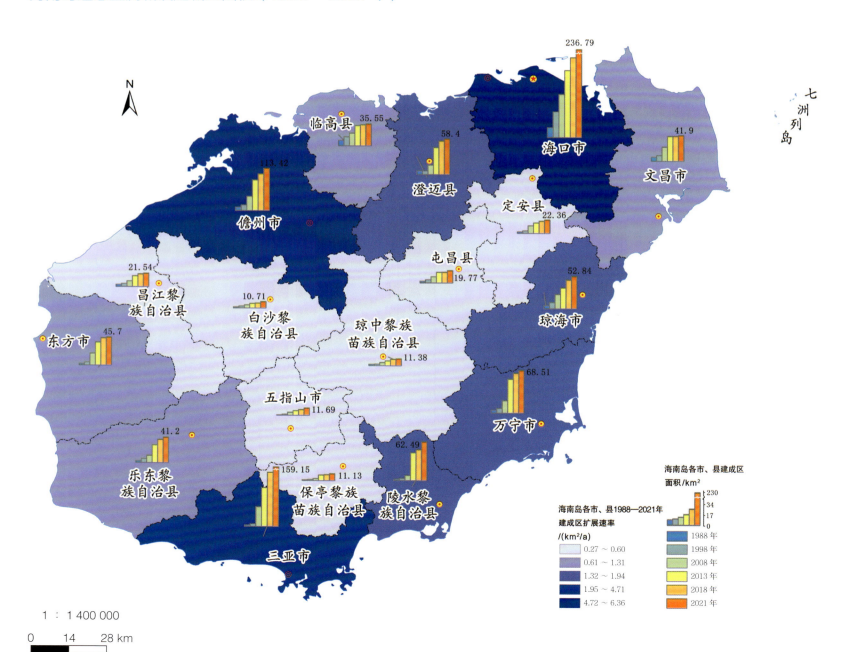

海南岛建成区面积及扩展速率（1988—2021 年）

市、县、自治县名称	建成区面积 /km²						建成区扩展速率 /(km²/ a)
	1988 年	1998 年	2008 年	2013 年	2018 年	2021 年	
海口市	26.84	69.73	116.58	180.7	215.11	236.79	6.36
三亚市	3.67	6.79	52.51	104.01	144.59	159.15	4.71
儋州市	8.89	14.71	38.1	82.37	98.49	113.42	3.17
五指山市	0.63	1.78	4.8	7.38	9.08	11.69	0.34
琼海市	4.95	10.04	23.41	34.3	47.09	52.84	1.45
文昌市	6.74	9.39	23.14	40.45	40.7	41.9	1.07
万宁市	4.59	7.34	19.85	54.41	64.05	68.51	1.94
东方市	2.61	5.12	19.45	37.56	44.66	45.7	1.31
定安县	2.65	4.46	12.72	17.39	20.35	22.36	0.6
屯昌县	2.77	5.18	9.91	17.01	17.14	19.77	0.52
澄迈县	6.01	6.06	15.38	44.25	54.89	58.4	1.59
临高县	8.63	14.43	20.66	32.88	34.13	35.55	0.82
白沙黎族自治县	1.93	3.34	5.32	7.65	8.34	10.71	0.27
昌江黎族自治县	3.54	4.98	9.26	17.4	20.53	21.54	0.55
乐东黎族自治县	3.05	6.37	11.73	28.7	37.6	41.2	1.16
陵水黎族自治县	2.04	3.02	8	44.88	49.71	62.49	1.83
保亭黎族苗族自治县	1.24	1.88	3.38	9.13	9.58	11.13	0.3
琼中黎族苗族自治县	2.18	2.54	5.13	7.79	10.5	11.38	0.28

注：建成区扩展速率 =（2021 年建成区面积−1988 年建成区面积）/ 年份间隔。

1.4 海南岛常住人口空间分布

海南岛常住人口空间分布

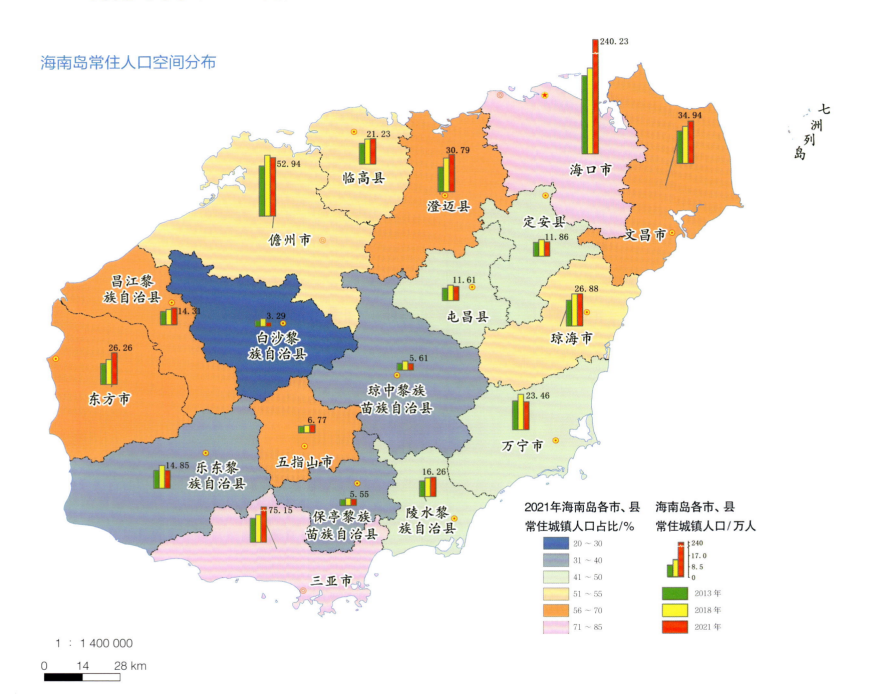

海南省加快实施以人为核心的新型城镇化战略，城镇化进程持续加快，2021 年全省常住人口为 1 020.46 万人，较 1988 年净增人口 944 万人，城镇化率达 60.97%，城镇化迈上新台阶。

海口市、三亚市的城市吸引力显著提升，2021 年海口市、三亚市城镇常住人口分别较 2011 年增加 82.87 万人和 27.72 万人。

人口城镇化率与城镇扩展呈现同步增长趋势。海南省流动人口呈现总规模增加、以省内流动为主和区域差异明显等特征，海口市、三亚市、东方市、文昌市和琼海市流入人口多，人口集聚效应明显。2018 年以后，屯昌县、白沙黎族自治县、乐东黎族自治县、保亭黎族苗族自治县和琼中黎族苗族自治县等城镇人口呈现流出趋势。

海南岛各市、县城镇常住人口

（单位：万人）

市、县、自治县名称	2011 年	2013 年	2018 年	2021 年
海口市	157.36	165.18	181.05	240.23
三亚市	47.43	51.16	58.76	75.15
儋州市	42.62	45.63	55.19	52.94
五指山市	5.35	5.57	6.24	6.77
琼海市	19.95	21.52	26.68	26.88
文昌市	25.59	26.76	30.58	34.94
万宁市	22.53	24.17	29.52	23.46
东方市	15.64	17.26	20.65	26.26
定安县	10.70	11.44	13.78	11.86
屯昌县	10.17	10.17	12.67	11.61
澄迈县	19.04	20.47	27.89	30.79
临高县	16.00	17.34	20.82	21.23
白沙黎族自治县	4.31	4.93	6.56	3.29
昌江黎族自治县	10.83	11.23	13.01	14.31
乐东黎族自治县	13.51	14.84	18.93	14.85
陵水黎族自治县	12.15	13.15	15.63	16.26
保亭黎族苗族自治县	4.66	5.06	6.19	5.55
琼中黎族苗族自治县	5.24	5.65	7.6	5.61

2011—2021 年海南省年常住人口数量统计

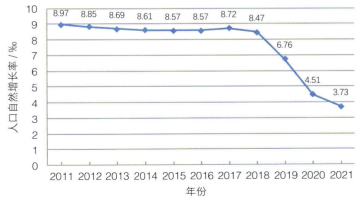

2011—2021 年海南省年人口自然增长率统计

1.5 海南岛各市、县生产总值

海南岛各市、县人均生产总值

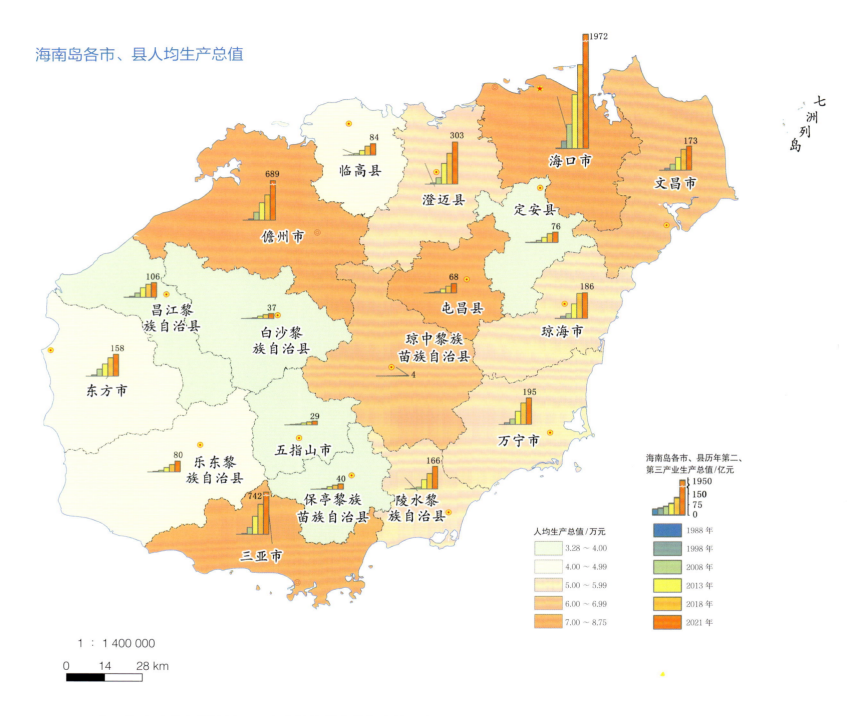

1 : 1 400 000

0   14   28 km

1988 年，海南建省办经济特区，产业结构以农业为主体，产业层次较低，地区生产总值 77 亿元。

1998 年，海南省强化基础设施建设，以旅游业为龙头，加强结构调整，生产总值达到 442.1 亿元。

2008 年，海南省提出"建设国际旅游岛"，经济开始展现出良好的发展态势，生产总值达到 1 474.7 亿元。

2013 年，海南省加快国际旅游岛建设，全力布局基础设施建设，大力发展旅游业及相关产业，生产总值达到 3 115.9 亿元。

2018 年，海南省迎来新的机遇，建立"海南自贸试验区"，经济快速发展，生产总值达到 4 910.7 亿元。

2021 年，海南自贸港建设实施的第二年，全省经济快速增长，自贸港建设红利初步释放，海南省生产总值达到 6 475.2 亿元。

海南岛各市、县生产总值

（单位：万元）

市、县、自治县名称	1988 年	1998 年	2008 年	2013 年	2018 年	2021 年
海口市	154 098	1 494 649	4 569 719	9 046 355	15 355 518	20 570 645
三亚市	44 869	239 934	1 536 029	3 732 089	6 222 669	8 353 650
儋州市	80 975	512 938	1 993 817	4 488 532	5 709 065	8 319 141
五指山市	10 713	51 308	79 016	183 112	313 169	367 633
琼海市	54 461	345 236	757 730	1 626 056	2 605 268	3 378 745
文昌市	43 833	294 200	837 697	1 753 440	2 367 098	3 087 284
万宁市	40 866	248 178	684 175	1 468 469	2 198 631	2 760 308
东方市	29 515	161 817	692 544	1 239 433	1 844 448	2 150 305
定安县	26 416	72 600	281 678	618 203	969 355	1 176 439
屯昌县	24 819	97 938	248 736	466 586	783 199	967 923
澄迈县	36 306	208 058	714 449	2 012 871	3 046 787	4 008 100
临高县	28 284	144 860	567 086	1 204 704	1 837 952	2 229 134
白沙黎族自治县	21 890	58 173	180 944	329 057	530 130	625 686
昌江黎族自治县	29 578	123 204	437 048	910 604	1 210 142	1 437 368
乐东黎族自治县	37 277	161 201	404 247	805 654	1 342 744	1 742 515
陵水黎族自治县	23 068	95 138	322 414	855 957	1 725 163	2 233 901
保亭黎族苗族自治县	16 059	43 406	140 167	298 664	519 354	631 584
琼中黎族苗族自治县	21 109	55 900	170 541	280 722	525 324	663 226

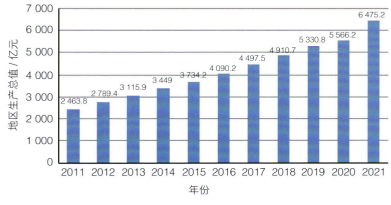

海南岛地区生产总值（2011—2021 年）

海南岛地区生产总值年增长率（2011—2021 年）

1.6 海南岛 30 m 地表覆盖分类（2020 年）

海南岛地表覆盖分类（2020 年）

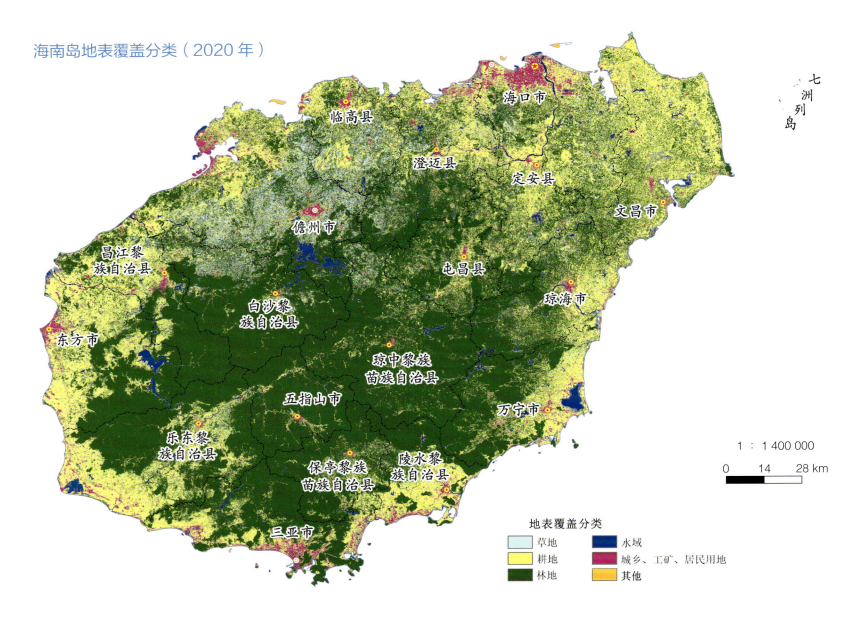

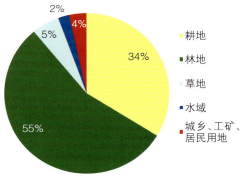

2020 年海南岛 30 m
地表覆盖类型占比

利用 2019 年至 2020 年时序 Landsat 地表反射率数据、Sentinel-SAR 数据、DEM 地形高程数据、全球专题辅助数据集以及先验知识数据集等，在 2015 年全球精细地表覆盖产品的基础上动态更新，得到 2020 年全球 30 m 精细地表覆盖动态监测产品。该分类结果沿用 LUCC 分类体系，共包含 29 个地表覆盖类型，更新周期为 5 年。

2020 年海南岛 30 m 地表覆盖精细分类显示，2020 年海南岛城乡、工矿、居民用地面积占全岛面积的 4%。

1.7　海南岛 SDGSAT-1 卫星夜光影像（2022 年）

可持续发展科学卫星 1 号（SDGSAT-1）于 2021 年 11 月发射，是全球首颗专门服务《2030 年可持续发展议程》的科学卫星。针对全球可持续发展目标（SDGs）监测、评估和科学研究的需求，SDGSAT-1 卫星搭载了热红外、微光和多谱段成像仪，通过三个传感器全天时协同观测，旨在实现"人类活动痕迹"的精细刻画，服务全球可持续发展目标的实现，为表征人与自然交互作用的指标研究提供支撑。

SDGSAT-1 卫星采用太阳同步轨道，轨道高度为 505 km，倾角为 97.5°，图像幅宽为 300 km，重访周期约为 11 天，热红外传感器空间分辨率为 30 m，微光传感器的全色波段和 3 个彩色波段的空间分辨率分别是 10 m 和 40 m，多谱段传感器空间分辨率为 10 m。

SDGSAT-1 卫星采用"热红外 + 多谱段""热红外 + 微光"以及单传感器观测等观测模式，实现全天时、多载荷协同观测。同时，卫星拥有多种定标模式，保证了精确定量探测的需求。

海南岛 SDGSAT-1 卫星夜光影像（2022 年）

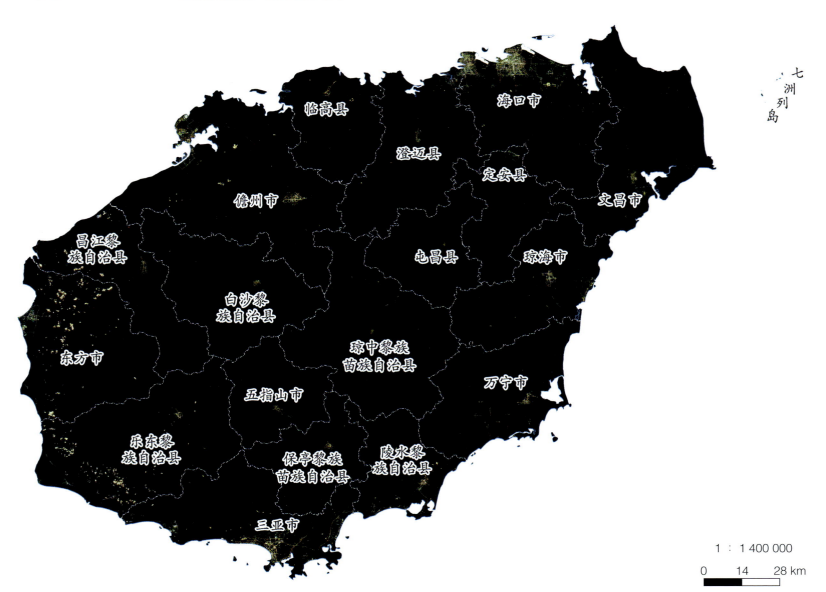

1 ： 1 400 000

0　　14　　28 km

海口市 SDGSAT-1 卫星夜光影像（2022 年）

三亚市 SDGSAT-1 卫星夜光影像（2022 年）

1：500 000　0　5　10 km

儋州市 SDGSAT-1 卫星夜光影像（2022 年）

文昌市 SDGSAT-1 卫星夜光影像（2022 年）

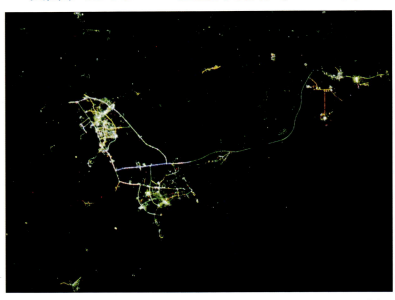

1：350 000　0　3.5　7.0 km

第2章

海南岛城镇扩展遥感监测
（1988—2021年）

伴随着海南岛经济的高速发展，海南岛城镇化步伐加快，特别是随着新型城镇化、美丽中国建设战略和海南自由贸易港建设方案的实施，海南岛快速城镇化过程引起了广泛的关注。

海南岛于 1988 年建省，地区生产总值由 77 亿元增长至 2021 年 6 475.20 亿元，其中，城镇的快速发展成为当地经济活动的主要载体，也是海南经济快速发展的重要推动力。

海南岛城镇建成区分布（1988—2021 年）

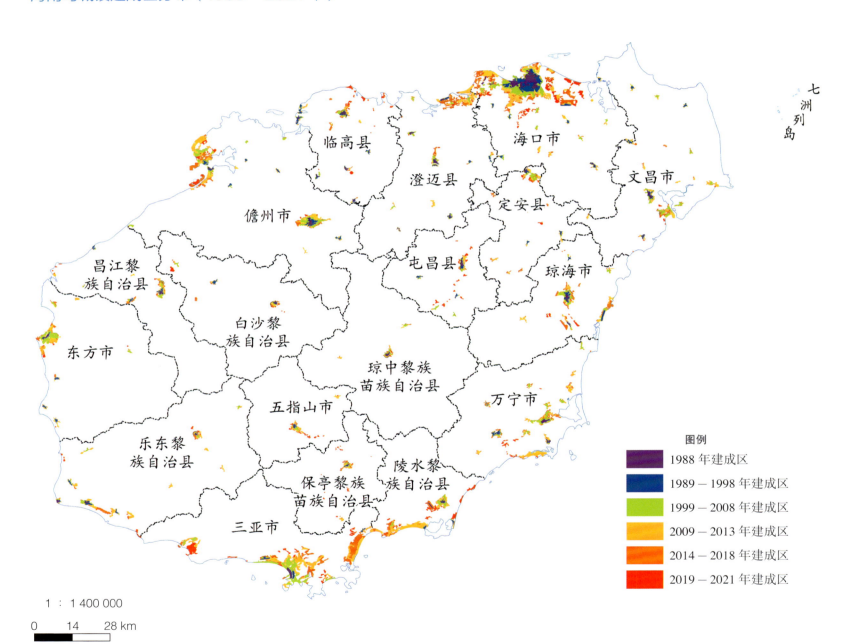

图例
- 1988 年建成区
- 1989 — 1998 年建成区
- 1999 — 2008 年建成区
- 2009 — 2013 年建成区
- 2014 — 2018 年建成区
- 2019 — 2021 年建成区

1 : 1 400 000

0   14   28 km

从城镇建成区扩展规模和速度而言，至 2021 年，海南岛各市、县的城镇建成区面积随着社会经济的发展均表现出不同程度的增加，城镇建设规模显著增大。实施监测的 18 个市、县的城镇建成区面积合计达到 1 025 km²，较 1988 年扩大了约 10 倍，年均扩展面积为 28 km²，其中 2009 年至 2013 年建成区面积扩展最大。

海南岛的城镇发展已形成"两极、两轴"的发展格局。基于富足的海洋资源以及积淀深厚的历史文化和社会条件，城镇扩展较快的市县主要位于海南岛的边缘；而位于海南岛中部地带的市县，贯彻"保护优先、适度开发、点状发展"的基本开发思路，以生态建设和环境保护为首要任务，城镇扩展速度相对缓慢。

（1）两极

海口市：作为海南省的省会城市，海口市发挥在高新技术、临空产业和公共服务业的产业优势，依托中心城区、江东新区

和长流新区的城市建设，培育国际金融服务、国际贸易及物流、国际旅游消费和国际专业服务等四大核心产业，全力打造自由贸易港核心引领区。

三亚市：海南岛南部区域以三亚市为主，依托三亚热带海滨风景名胜区，建成了亚龙湾、三亚湾、南山文化旅游区和大小洞天风景区等一批大型国际化旅游休闲度假区，同时积极推进崖州湾科技城建设，成为国家深海科技创新中心。

（2）两轴

东线：海南岛东部区域的城镇扩展主要以海岸线为依托，环绕东环高速铁路和东线高速公路，充分利用海湾及沿线的土地资源，建设了月亮湾、淇水湾、南燕湾以及日月湾等国际化休闲度假社区，提升琼海市的区域中心职能，形成以"琼海 – 万宁"为主体的东部城镇组群。

西线：伴随区域协调发展的政策导向，强化"儋州 – 洋浦"的区域中心职能，打造自由贸易港先行区。

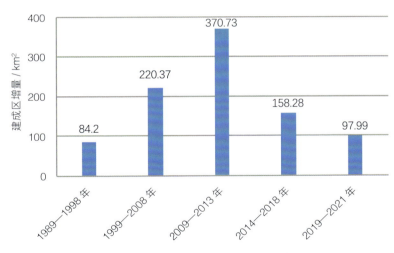

1989—2021 年海南岛城镇建成区增量

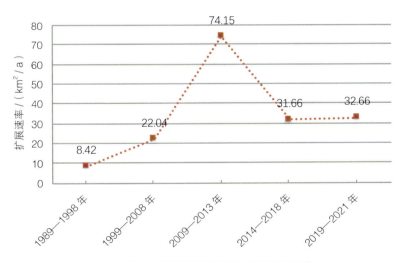

1989—2021 年海南岛城镇建成区扩展速率

海南岛建设用地扩展（1988—2021 年）

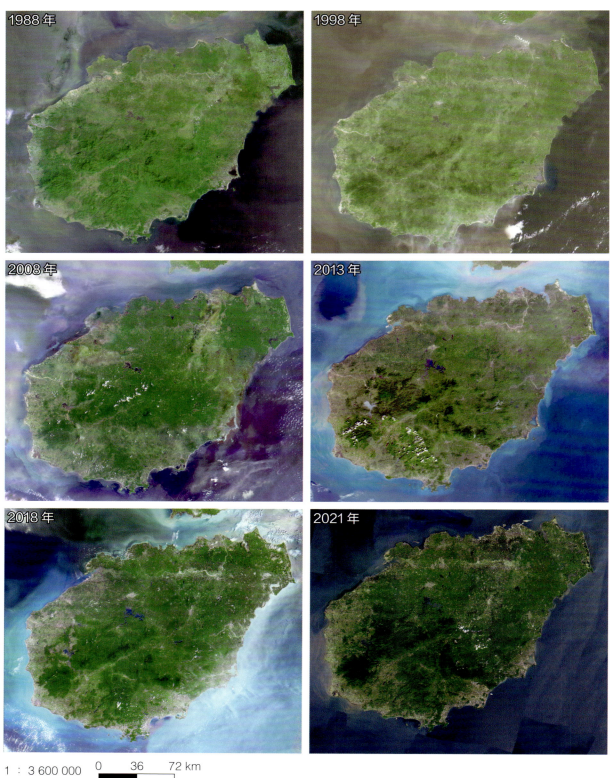

1988 年
1998 年
2008 年
2013 年
2018 年
2021 年

1 ∶ 3 600 000   0   36   72 km

2.1　1988 年海南岛遥感影像及建成区分布

1988 年，海南岛建省。作为全国唯一的省级特区，海南省实现了历史性的两大超越：从广东省的一个行政区成为共和国最年轻的省份，从封闭落后的国防前线成为改革开放的最前沿。作为面积最大、基础差、起点低、农村人口和少数民族人口多的经济特区，海南岛的基础设施建设比较薄弱。建省初期，海南岛城镇建成区面积约 92.97 km²，其中海口市城镇建成区面积 26.84 km²，占海南岛城镇建成区面积的 29%；其次儋州、临高、文昌等市、县城镇建成区面积分别约为 8.89 km²、8.63 km² 和 6.74 km²，其他城镇建成区面积均小于 5 km²。

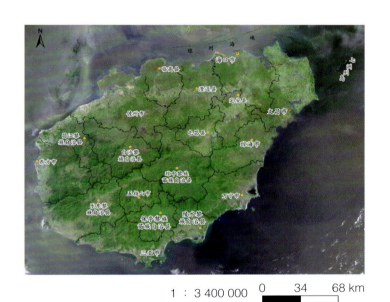

1 : 3 400 000　　0　34　68 km

1988 年海南岛遥感影像图

1 : 2 700 000　　0　27　54 km

1988 年海南岛建成区分布图

1988 年海口市遥感影像

1988 年三亚市遥感影像

1988 年儋州市遥感影像

2.2　1998 年海南岛遥感影像及建成区分布

1988 年至 1998 年，海南岛不断探索发展战略。在建省初期，海南省明确了以工业为主导、工农贸旅并举的三次产业协调发展的经济发展战略。随着工业的发展和对海南岛优势的认清，1994 年海南岛经济转型，提出优化产业结构，强化基础设施建设，以旅游业为龙头

大力发展第三产业的战略。1989 年至 1998 年，海南岛城镇面积扩展共计 84.2 km²，其中，海口市的城镇扩展面积为 42.89 km²，呈现"一枝独秀"，占海南省同期城镇建成区扩展面积的 50% 以上；同时期，三亚市的城镇扩展面积为 3.12 km²，儋州市的城镇扩展面积为 5.82 km²。

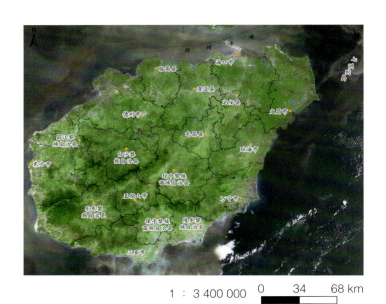

1 : 3 400 000　　0　　34　　68 km

1998 年海南岛遥感影像图

1 : 2 700 000　　0　　27　　54 km

1998 年海南岛建成区分布图

1998 年海口市遥感影像

1998 年三亚市遥感影像

1998 年儋州市遥感影像

2.3　2008 年海南岛遥感影像及建成区分布

1999 年至 2008 年，海南省实施建设经济特区发展战略，首次提出了"一省两地"的概念——要把海南建成中国的"新兴工业省、热带高效农业基地和海岛度假休闲旅游胜地"，城镇建成区扩展呈现明显阶梯状发展。在持续发展海口市的同时，大力推动三亚市的发展，呈现一南一北两个城市协同发展格局。海口市和三亚市城镇建成区扩展面积分别为 46.85 km² 和 45.72 km²，分别占海南岛同期城镇建成区扩展面积的 21.26% 和 20.75%；同时，儋州市洋浦经济开发区的成立，城镇建成区扩展面积为 23.39 km²，占比 10.61%。

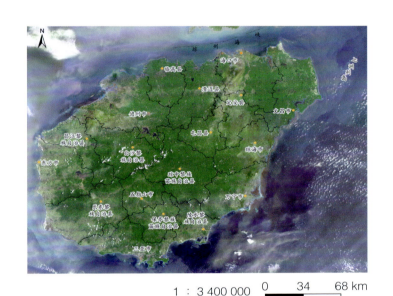

1 : 3 400 000　　0　34　68 km

2008 年海南岛遥感影像图

1 : 2 700 000　　0　27　54 km

2008 年海南岛建成区分布图

2008 年海口市遥感影像

2008 年三亚市遥感影像

2008 年儋州市遥感影像

2.4   2013 年海南岛遥感影像及建成区分布

2009 年至 2013 年，随着海南国际旅游岛战略实施，海南岛进入大开发时代，5 年间城镇扩展面积总量超过了 1988 年建省以来 20 年扩展面积的总和。在海口市、三亚市分别保持 12.82 km²、10.30 km² 年际增长的同时，带动了周边市县的快速城镇化建设，陵水县、万宁市、澄迈县分别达到年际 7.38 km²、6.91 km² 和 5.77 km² 的增长。儋州市大力发展开发区经济，城镇建成区年均面积增长 8.85 km²。5 年内，以海口市、三亚市和儋州市为核心的区域城镇发展，占海南岛同期城镇建成区扩展面积的 70%。

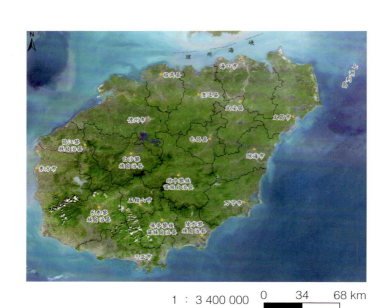

1 : 3 400 000   0   34   68 km

2013 年海南岛遥感影像图

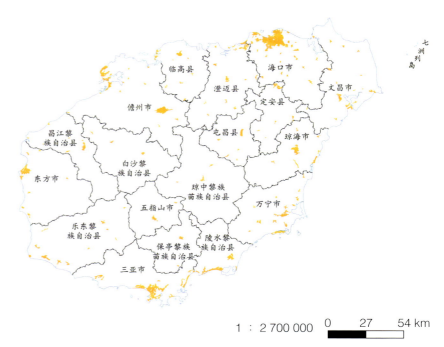

1 : 2 700 000   0   27   54 km

2013 年海南岛建成区分布图

2013 年海口市遥感影像

2013 年三亚市遥感影像

2013 年儋州市遥感影像

2.5　2018 年海南岛遥感影像及建成区分布

2014 年至 2018 年，海南省提出加快建设"经济繁荣、社会文明、生态宜居、人民幸福"的美好新海南，海南岛土地城镇化逐渐放缓，5 年间城镇扩展总量为 158.28 km²。其中，海口市、三亚市、儋州市的城镇建成区扩展面积分别为 34.41 km²、40.58 km² 和 16.12 km²。5 年内，以海口市、三亚市和儋州市为核心的区域城镇发展，占海南岛同期城镇建成区扩展面积的 57.56%。

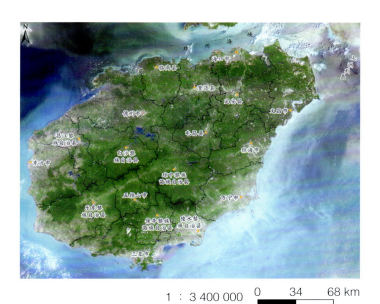

1 : 3 400 000　　0　34　68 km

2018 年海南岛遥感影像图

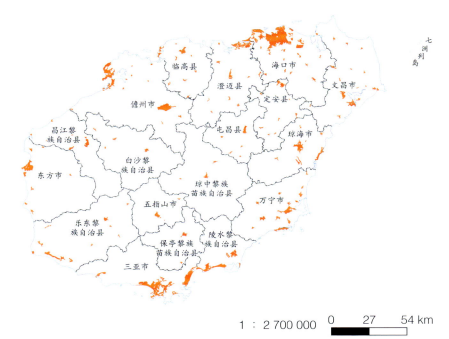

1 : 2 700 000　　0　27　54 km

2018 年海南岛建成区分布图

2018 年海口市遥感影像

2018 年三亚市遥感影像

2018 年儋州市遥感影像

2.6   2021 年海南岛遥感影像及建成区分布

2019 年至 2021 年，随着中国特色自由贸易港建设的推进，在经济转型升级中，产业结构从过去的以房地产为主向旅游业、现代服务业和高新技术产业为主迈进。同时，采取一系列专项整治措施，开展违法用地和违法建筑的专项整治。3 年间城镇扩展总量为 97.99 km²，其中，海口市、三亚市、儋州市和陵水县的城镇建成区扩展面积分别为 21.68 km²、14.56 km²、14.93 km² 和 12.78 km²。"海澄文定综合经济圈"和"大三亚旅游经济圈"一体化发展增强。

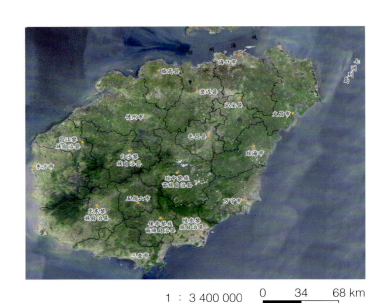

1 : 3 400 000   0   34   68 km

2021 年海南岛遥感影像图

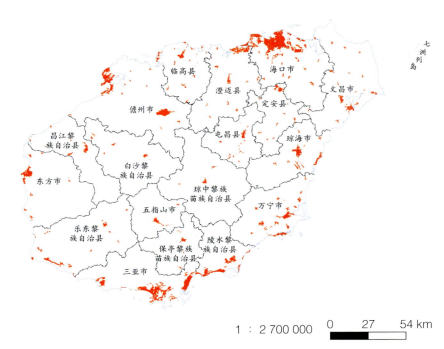

1 : 2 700 000   0   27   54 km

2021 年海南岛建成区分布图

2021 年海口市遥感影像

2021 年三亚市遥感影像

2021 年儋州市遥感影像

第3章

海南省省会与地级市城镇扩展遥感监测

（1988—2021 年）

3.1　海口市城镇扩展遥感监测

海口市是海南省省会、海南自由贸易港核心城市、北部湾城市群重要节点城市，是海南省政治、经济、科技和文化中心，国家重要的热带海岛生态旅游度假胜地及健康宜居城市，国家南海海洋研发和综合产业开发基地，也是具有浓郁的地域文化特色的国家历史文化名城。

海口市地处海南岛北部，东邻文昌，西接澄迈，南毗安定，北濒琼州海峡，全市划分美兰、琼山、龙华和秀英4个区（资料截至2021年2月1日），城市面积2 297 km²，海域面积791 km²。全市城市范围呈长心形，且南北较长，地势平缓，西北部和东南部较高，中部南渡江沿岸低平，北部为沿海小平原。

2021年末，海口市常住人口为290.8万人，城镇化率达到82.61%，第二、第三产业生产总值为1 971.62亿元。

2021年海口市遥感影像

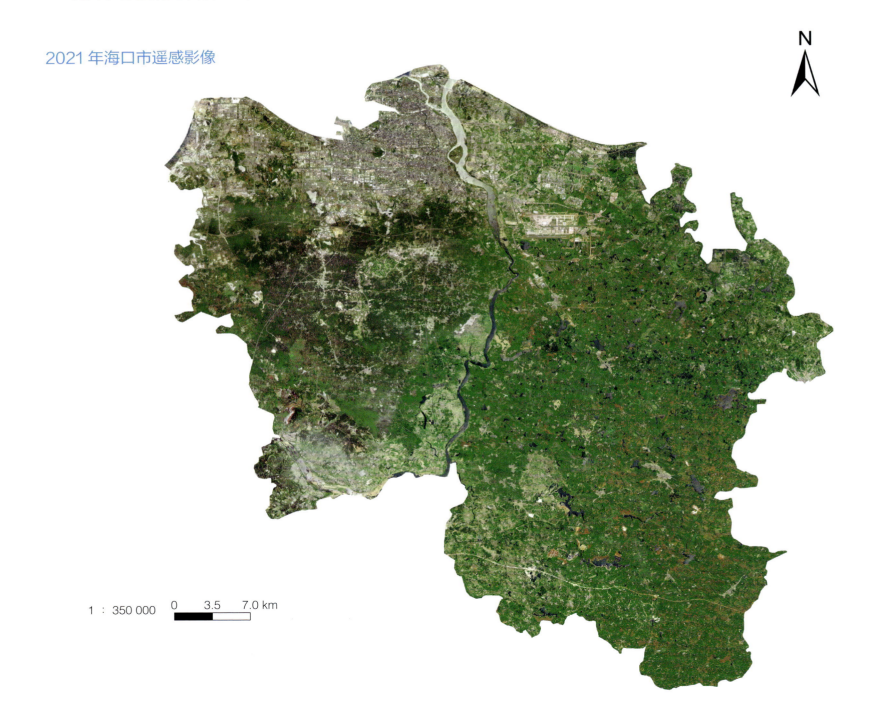

1 : 350 000　　0　3.5　7.0 km

3.1.1　海口市城镇建设用地扩展
（1988—2021 年）

1988—2021 年海口市城镇建设用地扩展

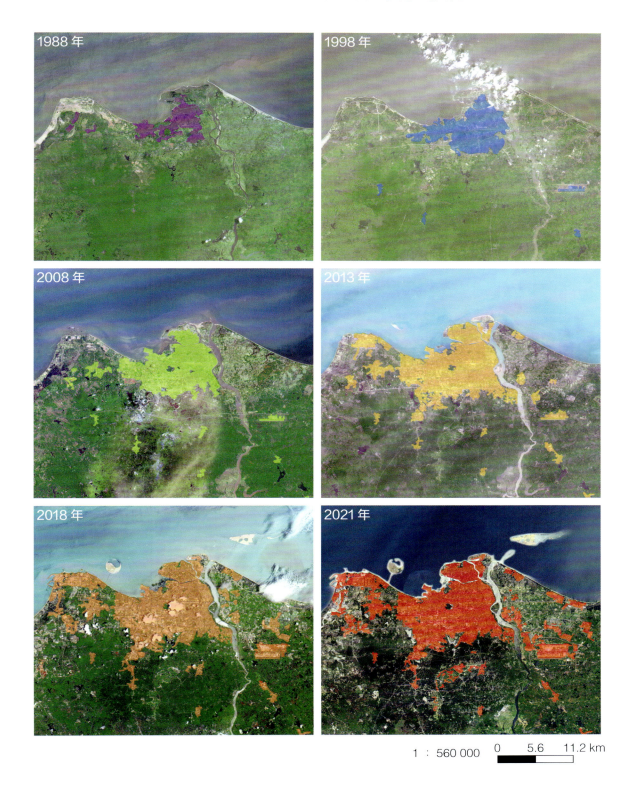

1 ： 560 000　　0　　5.6　　11.2 km

1988—2021 年海口市城镇建成区范围

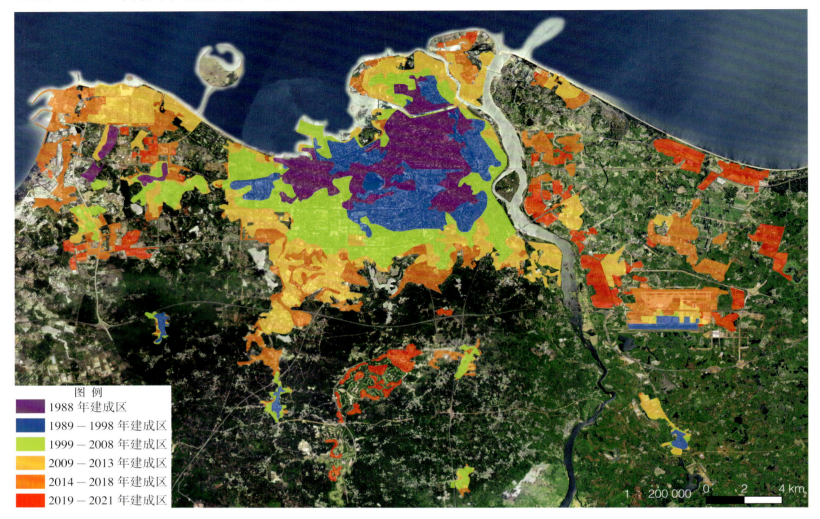

图 例
- 1988 年建成区
- 1989 — 1998 年建成区
- 1999 — 2008 年建成区
- 2009 — 2013 年建成区
- 2014 — 2018 年建成区
- 2019 — 2021 年建成区

1 ∶ 200 000　　0　　2　　4 km

　　1988 年至 2021 年，海口市城镇建成区面积从 26.84 km² 上升到 236.79 km²，其中 2009 年至 2013 年扩展速度最快，年均扩展面积为 12.82 km²；其次为 2019 年至 2021 年，年均扩展面积为 7.23 km²。

　　从遥感影像上可以清晰地看到，海口市的城镇扩展主要在海口湾沿岸至 G98 海南环岛高速之间，呈现由海岸向内陆、由主城区向东部的江东新区和西部的长流新区快速扩展的趋势。33 年间城镇建成区面积年均扩展面积为 6.36 km²。

　　海口市城镇建设采用"一心、四轴"的中心放射式的空间结构："一心"指主城区；"四轴"指以主城区为中心的四条放射状城镇发展轴，周边建制镇构成发展轴的重要节点。中心城区空间结构以滨海带状组团布局，形成"一个中心，两个组团"，在空间上呈现"中强、西拓、东化、南控"的发展格局。

1988 年至 2021 年，海口市常住城镇人口从 24.7 万人上升到 240.23 万人，其中，增长速度最快为 2019 年至 2021 年，年均增长 19.73 万人；其次为 2009 年至 2013 年，年均增长 14.21 万人。海口市城镇人口呈逐年增长，且常住人口增长速度和常住人口总量均超过户籍人口，显示了海口市人口输入型特征。

1988 年至 2021 年，海口市生产总值从 15.41 亿元增长到 2 057.06 亿元，增长约 2 041.65 亿元，平均年增加 61.86 亿元。第二、第三产业生产总值从 12.06 亿元增长到 1 971.62 亿元，增长速度从 1989 年至 1998 年的年均增长 11.9 亿元，上升到 2019 年至 2021 年年均增长 52.5 亿元。

海口市城镇常住人口和城镇户籍人口

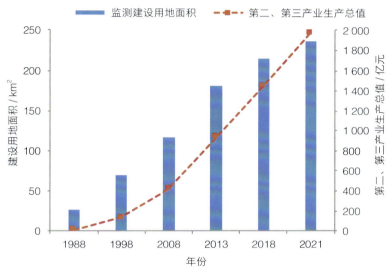

1988—2021 年海口市监测建设用地面积
与第二、第三产业生产总值

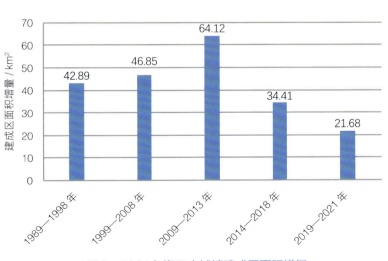

1989—2021 年海口市城镇建成区面积增量

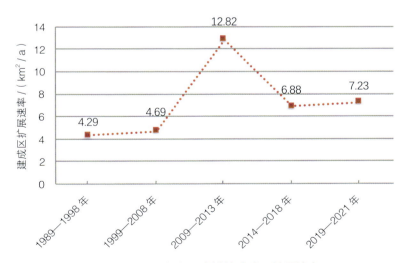

1989—2021 年海口市城镇建成区扩展速率

3.1.2　海口市主城区遥感影像

2015 年海口市主城区遥感影像

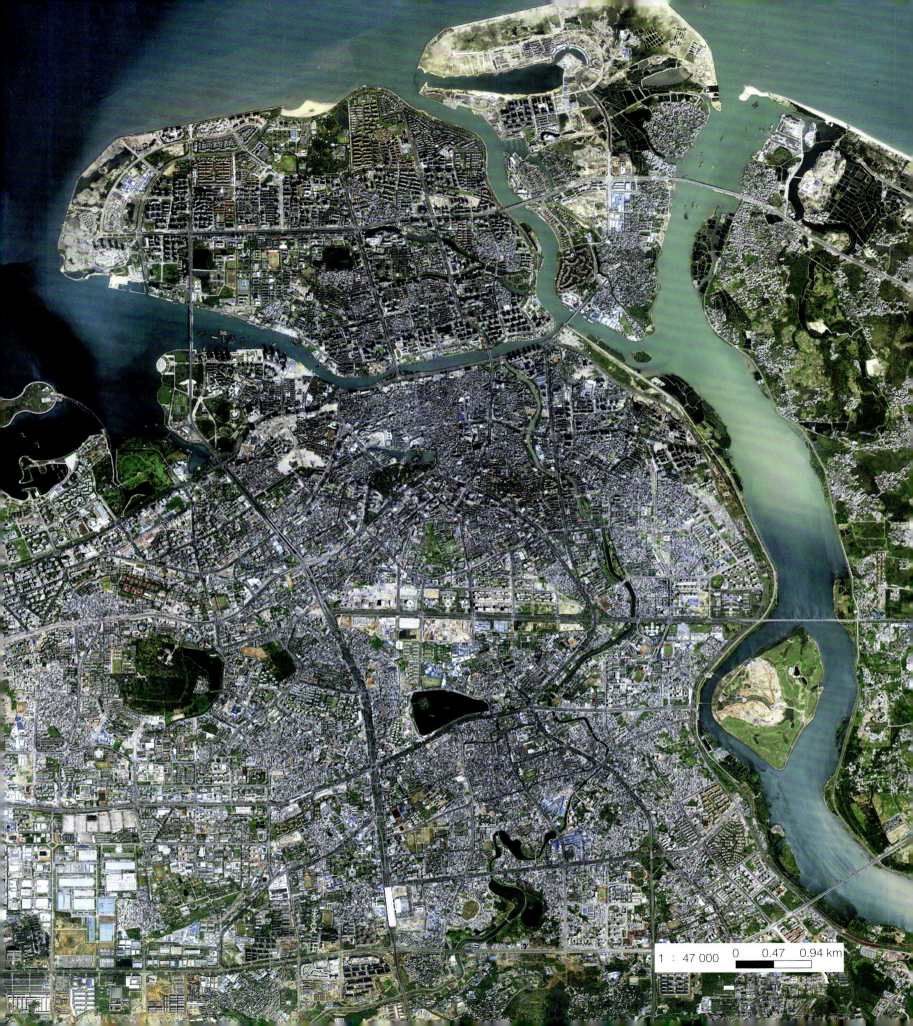

1 : 47 000   0   0.47   0.94 km

2021 年海口市主城区遥感影像

1 ∶ 47 000　　0　　0.47　　0.94 km

3.1.3　海口市重点发展区域遥感监测

海口市长流新区城镇建设用地扩展（1988—2021年）

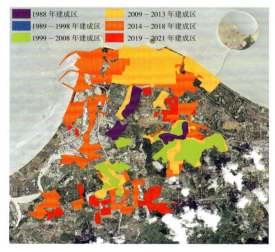

1988 年建成区　　2009－2013 年建成区
1989－1998 年建成区　2014－2018 年建成区
1999－2008 年建成区　2019－2021 年建成区

1 : 200 000　　0　　2.0　　4.0 km

　　长流新区位于海口市西部，东、西、北三面环海，是海口市总体规划中的三大组团之一，是海口市"西拓"空间发展战略重点。2008 年之前，长流新区基本无开发区域；2013 年，随着滨海大道南侧、海口市行政中心的建设和带动，长流新区北侧起步区的发展建设已初具规模，建设面积 8.43 km²；2014 年至 2018 年，以长流起步区建设为突破口，加快教育和高科技产业功能区、旅游度假功能区的建设，从而全面加快西海岸新区建设，新增建设面积 11.42 km²，相关配套设施不断完善，初步完成西海岸南片区、新海港临港片和金沙湾的建设。截至 2021 年，建成区面积共 35.96 km²。

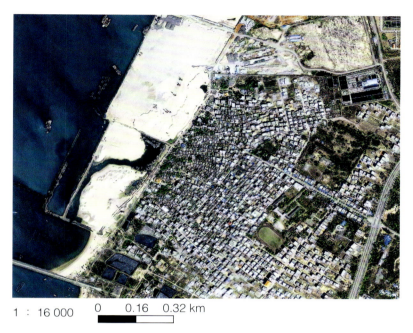

1 : 16 000　　0　　0.16　　0.32 km

2015 年海口市国际免税城遥感影像

1 : 16 000　　0　　0.16　　0.32 km

2021 年海口市国际免税城遥感影像

1 : 16 000　　0　　0.16　　0.32 km

2015 年海口市国际会议中心遥感影像

1 : 16 000　　0　　0.16　　0.32 km

2021 年海口市国际会议中心遥感影像

新埤岛城镇建设用地扩展（1988—2021 年）

1988 年

1998 年

2008 年

2013 年

2018 年

2021 年

新埤岛位于海口市的东北部、海南省第一大河——南渡江的入海口处，是南渡江的冲积三角洲。新埤岛北临琼州海峡，东隔南渡江与江东新区相望，西隔横沟河与海甸岛相望，南依新埤桥与市区连接。新埤岛的总体定位为一个开放自由、创新集聚、彰显时代活力与海岛魅力的国际创新自在岛，重点发展休闲旅游、创新商贸和文化创意三大产业。新埤岛陆地面积共 5.6 km²，1988 年至 2013 年围绕生态湿地打造和休闲生活服务，为海南大学和江东新区知识人才在新埤岛提供生活配套支撑，南部建成区面积增加 2.87 km²；2014 年至 2018 年联动海南大学和江东新区的人才和技术，打造商旅文化区，中部地带建成面积增加 1.16 km²；2019 年至 2021 年，北部开发区承接海南自贸港建设的新形势，融合海口发展的新方向，打造创新商贸区，北部新增建成区面积 0.35 km²。

2009－2013 年建成区
2014－2018 年建成区
2019－2021 年建成区

1 : 90 000　　0　0.9　1.8 km

海甸岛城镇建设用地扩展（1988—2021 年）

1988 年

1998 年

2008 年

2013 年

2018 年

2021 年

　　海甸岛是海口市城中岛，位于海口市北部，面积近 14 km²，东西略宽，呈不规则卵形。岛上地势平坦，水系密布，湖泊和沟渠众多，享有"海口的城中岛"的美誉。海甸岛是海口环境最好、空气最清新、集顶级度假社区与大学教育于一身的岛中岛，通过和平桥、人民桥及世纪大桥与海口市主城区相连。1988 年，海甸岛主要建设区域集中在海甸岛南部的海南大学，建成面积 2.32 km²；1989 年至 1999 年，海甸岛的建设集中在海南大学的东部区域，主要开发寰岛商住区，建设住宅、写字楼、公寓等环境优美的现代化滨海卫星新城区，新增建成区面积 2.09 km²；1999 年至 2008 年，建成区面积增加 2.21 km²；2009 年至 2013 年，建成区面积增加了 5.15 km²；2014 年至 2018 年建成区主要集中在美丽沙附近，面积增加了 1.04 km²。

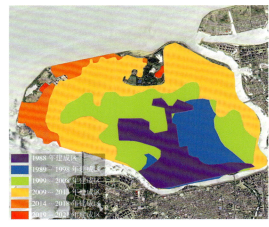

1988 年建成区
1989—1998 年建成区
1999—2008 年建成区
2009—2013 年建成区
2014—2018 年建成区
2019—2021 年建成区

1 : 90 000　　0　0.9　1.8 km

中国（海南）自贸试验区：江东新区城镇建设用地扩展（1988—2021年）

江东新区位于海口市东海岸，地处海口市主城区与文昌市木兰湾之间，于2018年成立，是海口市"一江两岸，东西双港驱动，南北协调发展"的东部核心区域，也是"海澄文一体化"的东翼核心。江东新区拥有东寨港国家级红树林自然保护区，生态环境一流。从遥感影像看出，1998年，江东新区的主要建成区集中在临空经济区，美兰国际机场的建设面积为1.86 km²。2019年至2021年，江东新区的开发集中在南渡江东部区域的西部产城融合区，重点开发建设CBD起步区和临空经济区，同时严守生态保护红线，重点保护东寨港国家级自然保护区等核心生态资源，3年间开发区域共18.65 km²。

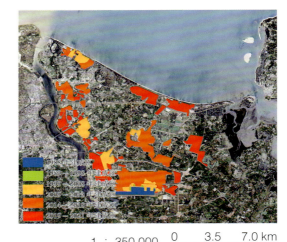

1 ： 350 000   0   3.5   7.0 km

海口美兰国际机场遥感影像
（1988—2021 年）

1 : 75 000　　0　　0.75　　1.5 km

3.2   三亚市城镇扩展遥感监测

　　三亚市，别称鹿城，海南省地级市，著名的热带海滨风景旅游城市，又被称为"东方夏威夷"，是我国南繁科研育种基地。三亚市地处海南岛的最南端，东临陵水黎族自治县，西接乐东黎族自治县，北毗保亭黎族苗族自治县，南临南海，陆地面积为 1 921 km²，海域面积为 3 226 km²，境内海岸线长为 258.65 km，地处低纬度，属热带海洋性季风气候区；下辖天涯、海棠、吉阳和崖州四个区。三亚市拥有独特的海滨风光、优越的地理位置和一流的热带陆海生物资源。随着海南自贸港建设的深入推进，三亚市正在打造成为世界级的热带海滨风景旅游城市和开放创新的海南自贸港标杆城市。

　　2021 年，三亚市常住人口为 105.61 万人，城镇化率达到 71.16%，第二、第三产业生产总值为 741.58 亿元。

2021 年三亚市遥感影像

N

1：420 000   0   4.2   8.4 km

3.2.1 三亚市中心城区建设用地扩展
（1988—2021 年）

1988 年

1998 年

2008 年

2013 年

2018 年

2021 年

1：460 000   0   4.6   9.2 km

1988年至2021年，三亚市城镇建成区从3.67 km²扩大到159.15 km²，其中2009年至2013年间扩展速度最快，年均扩展面积为10.30 km²；其次为2014年至2018年，年均扩展面积为8.12 km²；1989年至1998年间的扩展速度最慢，扩展总面积为3.12 km²。

从遥感影像上可以清晰地看到，三亚市的城镇扩展沿海南环岛高速公路周边及海岸沿海东西方向展开，呈现自三亚港附近的老城区向西至崖州湾，东至亚龙湾、海棠湾方向扩展的趋势。33年间城镇建成区平均年扩展面积4.70 km²。

从2013年开始，三亚市全力落实自由贸易港政策，加快招商引资和项目建设，积极构建现代产业体系，三亚市崖州湾科技城和三亚中央商务区两个自贸港重点园区建设日新月异。三亚市经济不断高质量发展，房地产业投资占固定资产投资比重明显下降，旅游业持续提质升级，三亚市统筹考虑中心城区、陆海统筹的发展策略，以"中优、东精、西拓、南联、北育"的发展格局为指导，统筹空间，联动产业、功能与空间精准配置资源，努力建设成为国际旅游胜地、现代服务业发展高地和高新技术产业聚集地。

1988—2021年三亚市中心城区城镇建成区范围

图 例
- 1988年建成区
- 1989—1998年建成区
- 1999—2008年建成区
- 2009—2013年建成区
- 2014—2018年建成区
- 2019—2021年建成区

1 : 300 000   0   3.0   6.0 km

1988 年至 2021 年，三亚市城镇常住人口从 8.89 万人上升到 75.15 万人，城镇人口呈现逐年增长的态势。

1988 年至 2021 年，三亚市生产总值从 4.49 亿元增长至 835.37 亿元，增长了 830.88 亿元，年均增加 25.18 亿元；第二、第三产业生产总值从 1.98 亿元增长到 741.6 亿元。

三亚市城镇常住人口和城市户籍人口

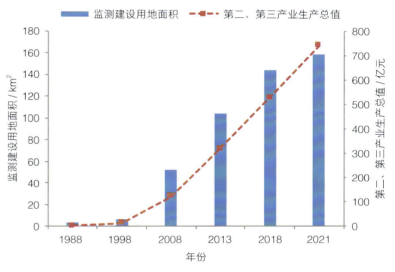

1988—2021 年三亚市监测建设用地面积与
第二、第三产业生产总值

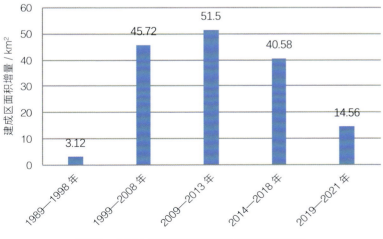

1989—2021 年三亚市城镇建成区面积增量

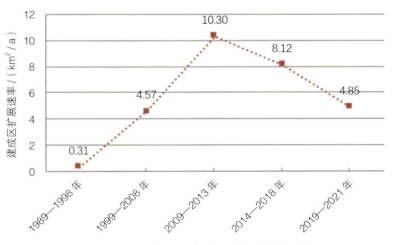

1989—2021 年三亚市城镇建成区扩展速率

1 : 65 000   0   0.65   1.3 km

3.2.2　三亚市遥感影像

2015 年三亚市主城区高分辨率遥感影像

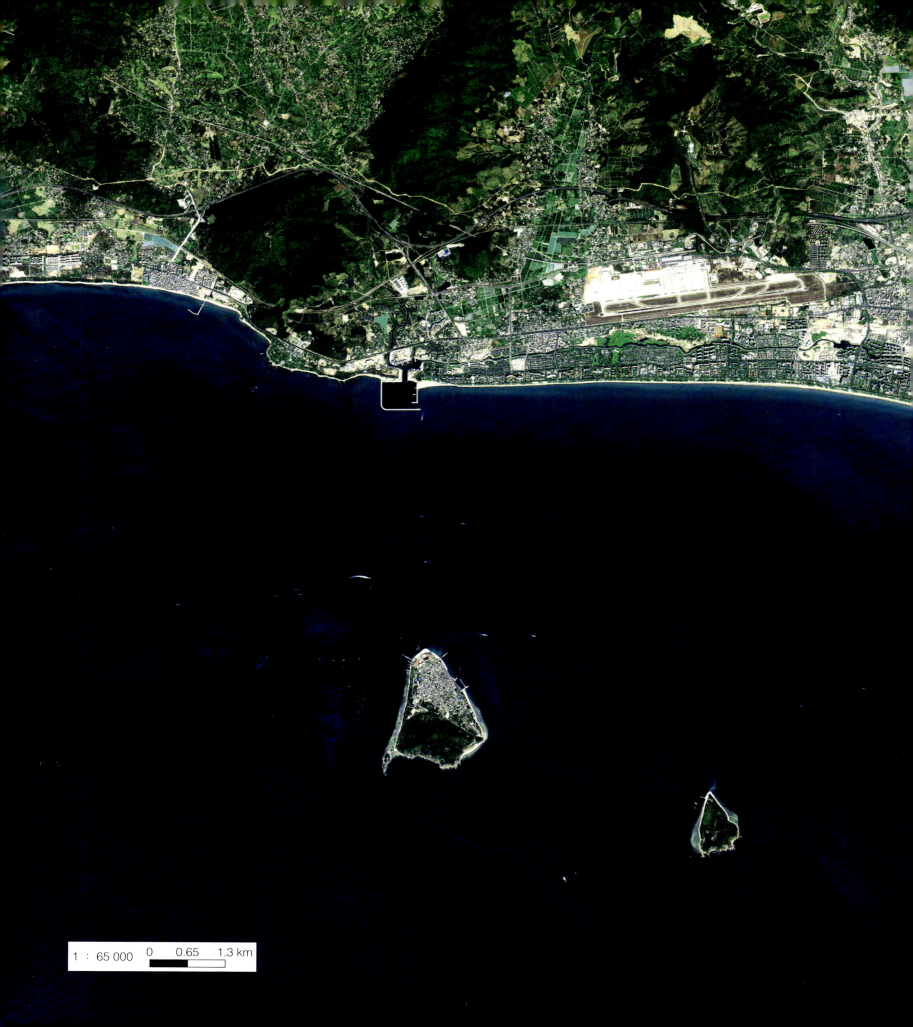

1 : 65 000   0   0.65   1.3 km

2021 年三亚市主城区遥感影像

3.2.3　三亚市重点发展区域遥感监测

三亚市凤凰岛遥感影像（1988—2021年）

1 ： 80 000　　0　0.8　1.6 km

2013 年三亚市凤凰岛遥感影像

2021 年三亚市凤凰岛遥感影像

1 ∶ 30 000　　0　0.3　0.6 km

凤凰岛

三亚市崖州湾建设用地扩展（1988—2021年）

三亚市崖州湾位于海南省三亚市西南部海湾。1988年至2013年，崖城镇积极发展沿海增长带，打造强有力的城镇中心区，开发建设崖城城区和中心渔港等资源，新增建成区面积2.17 km²。

2014年至2018年，随着崖州区的挂牌成立，崖州区的城市发展以崖城镇为中心，辐射和带动周边村镇发展，重点发展海洋旅游和热带工业。从遥感影像解译结果看出，这一时期新增建设面积主要在崖州古城和中心渔港附近，面积为4.15 km²。

2019年至2021年，三亚市崖州湾以崖州湾科技城重点片区为核心，聚焦城市和产业相关资源，根据产业发展趋势，形成"双港双城五组团"的空间发展格局，聚焦南繁种业和深海科技，建设发展南繁科技城、深海科技城、南山港等全球动植物种质资源引进中转基地。截至2021年底，建设面积比2018年增加了12.1 km²。

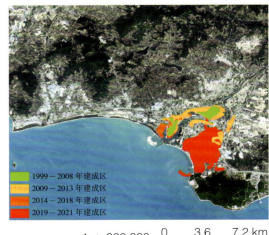

1999—2008年建成区
2009—2013年建成区
2014—2018年建成区
2019—2021年建成区

1 : 360 000   0   3.6   7.2 km

三亚市崖州湾科技城建设用地扩展（1988—2021 年）

2020 年 6 月 3 日，三亚市崖州湾科技城挂牌成立，由南繁科技城、三亚深海科技城、三亚崖州湾大学城、南山港和全球动植物种质资源引进中转基地（即"一港、三城、一基地"）五部分共同构成。

通过遥感影像解译发现，自 2015 年崖州区成立以来，以崖州湾为核心区域，城市不断扩展，尤其是 2020 年崖州湾科技城成立以来，科技城新区建设、道路广场、公用设施和园林绿化开发全面加强，极大地提高了崖州区的城市发展进程。2013 年建成区面积扩展到 2.16 km²；截至 2021 年，崖州科技城建成区面积为 11.75 km²。

2009—2013 年建成区
2014—2018 年建成区
2019—2021 年建成区

1 : 140 000　　0　1.4　2.8 km

2013 年三亚市崖州湾实验室遥感影像

2021 年三亚市崖州湾实验室遥感影像

2013 年三亚市崖州湾科技城遥感影像

2021 年三亚市崖州湾科技城遥感影像

1 : 15 000　　0　0.15　0.3 km

亚龙湾国家级旅游度假区建设用地扩展（1988—2021 年）

亚龙湾在三亚市东南 28 km，是一个半月形海湾，拥有阳光、海水、沙滩、森林和气候五大高品级资源组合，适合发展国际旅游度假区。亚龙湾的开发始于 1992 年，结合遥感影像可以看出，经过多年的开发建设，2008 年滨海顶级酒店带初具规模；2013 年主要开发建设休闲度假区，新增建设面积 1.61 km²；2018 年继续完善开发田园花香风貌区，新增建设面积 0.87 km²；2021 年在北部山区集中建设观光体验度假区，新增建设面积 1.9 km²。

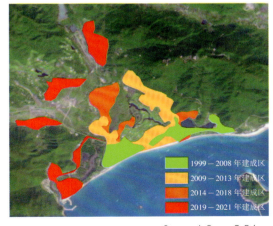

1 ： 100 000　　0　　1.0　　2.0 km

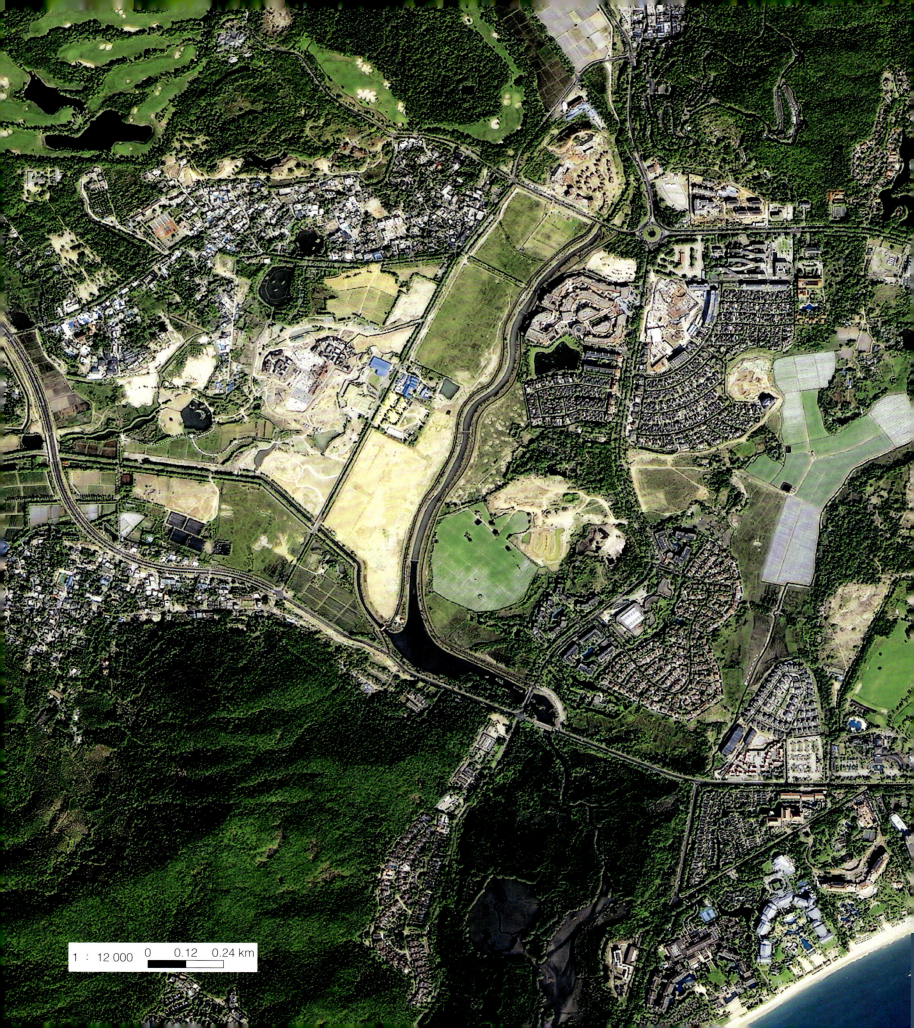

1 : 12 000   0   0.12   0.24 km

亚龙湾国家级旅游度假区遥感影像

海棠湾国家海岸休闲园区建设用地扩展（1988—2021年）

海棠湾位于三亚市东北部，南邻亚龙湾国家旅游度假区，西围群山，东为南海。海棠湾规划用地南北长为30 km，东西平均宽为8.4 km，拥有美不胜收的海岸线，具有高品质的海滨资源。

2007年，海棠湾正式被定义为"国家海岸–国际休闲度假区"。

2009年至2013年，随着国家将海南岛定位为国际旅游岛，"亚洲最大的免税商店"最终选址落户海棠湾，海棠湾的开发进入高潮。

2014年至2018年，海棠湾紧扣"三区一中心"的定位，立足于国家海岸、自由贸易区（港）和国际旅游消费中心的定位，对标世界一流旅游度假区，重点开发铁炉港片区、龙江片区和风塘片区，逐渐开发建设高端酒店，引入大量国际一线酒店品牌入驻，成为国际知名的休闲度假区。

2019年至2021年，海棠湾旅游产业格局优化升级，开发工作逐渐从景区到乡村、从滨海到田园过渡，重点集中在南田片区。

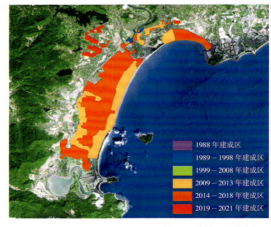

1 : 370 000   0   3.7   7.4 km

2021 年海棠湾国家海岸休闲园区遥感影像

1 : 24 000

0　0.24　0.48 km

中国遥感卫星地面站三亚站

中国遥感卫星地面站三亚站位于海南省三亚市天涯镇以西，自 2010 年建成并投入业务运行以来，一直保持稳定、可靠的运行状态。目前，该站承担着中国高分系列卫星、资源系列卫星和空间科学卫星等 30 余颗卫星的数据接收任务，"墨子号""慧眼"和"悟空"等广为人知的科学卫星均在其服务名单中，为中国陆地观测和空间科学卫星的数据获取发挥出关键作用。

2010 年至 2020 年，中国遥感卫星地面站三亚站已累计完成 5 万余轨各类卫星的数据接收任务，年数据接收量增长了 8 倍。

中国遥感卫星地面站三亚站

2013 年中国遥感卫星地面站三亚站

2021 年中国遥感卫星地面站三亚站

1：16 000   0   0.16   0.32 km

3.3　儋州市城镇扩展遥感监测

2021 年儋州市遥感影像

1 : 450 000　0　4.5　9.0 km

儋州市古称"儋耳郡"，有 2100 多年建城史，是海南岛最早设置行政建制的地区，荣获"国家园林城市"和"国家卫生城市"等称号。2016 年 12 月，儋州市被列为第一批国家新型城镇化综合试点地区。随着儋洋经济圈的发展，儋州市加速创建海南自贸港"港产城"融合发展先行区、示范区，推动儋州洋浦高质量发展。

儋州市（含洋浦经济开发区）地处海南岛西北部，毗邻北部湾，陆地面积 3 256 km²，海岸线长 300 km，是海南省陆地面积最大、海岸线最长的市县。儋州市下辖 16 个镇和一个经济开发区，洋浦经济开发区现规划控制面积 114.7 km²，是国务院 1992 年批准设立的享受保税区政策的国家级开发区。

儋州市属热带湿润季风气候，年平均温度 23.5 ℃。儋州市地势东南高、西北低，整体由东南部山区向西北部的北部湾倾斜，地形由山地、丘陵、平原三部分构成。

2021 年，儋州市常住人口为 97.01 万人，城镇化率达到 54.57%，第二、第三产业生产总值为 688.65 亿元。

3.3.1 儋州市那大城区建设用地扩展（1988—2021年）

1988—2021年儋州市那大城区建设用地扩展图

1 ： 180 000   0   1.8   3.6 km

1988 年至 2021 年的 33 年间，儋州市建成区面积累计增加约 104.53 km²，年均增加约 3.17 km²，儋州市城市建成区以那大镇为中心沿 G225 国道以及西线铁路扩展，并在 S215 省道和 S308 省道的交会处、临近北部湾的地区，开发洋浦经济特区。

儋州市洋浦经济特区着力构建"一屏一带四廊、双核三轴多片"的市域总体战略格局，积极推进儋州市洋浦"环新英湾"港产城一体化发展，建设海南国际旅游消费新高地。

1988—2021 年儋州市那大城区城镇建成区范围图

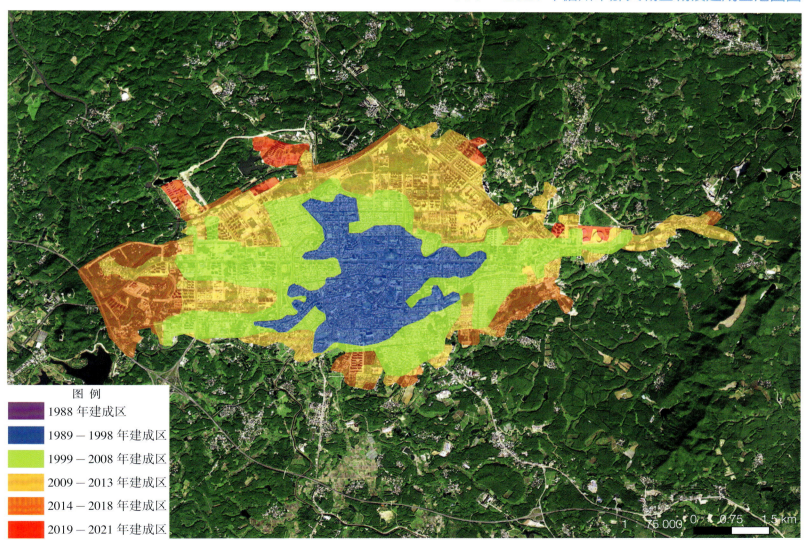

图 例

- 1988 年建成区
- 1989—1998 年建成区
- 1999—2008 年建成区
- 2009—2013 年建成区
- 2014—2018 年建成区
- 2019—2021 年建成区

1 : 75 000　0　0.75　1.5 km

1988 年至 2021 年，儋州市城镇常住人口从 13.67 万人上升到 52.94 万人，呈现逐年增长态势，且城镇常住人口多于城镇户籍人口，显示出儋州市人口输入型特征。

同时期，儋州市生产总值也从 8.10 亿元增长到 831.91 亿元，增长了约 823.81 亿元，平均每年增加 24.96 亿元，第二、第三产业生产总值从 2.90 亿元增长到 688.65 亿元。

儋州市城镇常住人口和城镇户籍人口

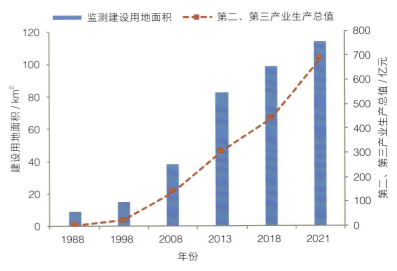

1988—2021 年儋州市建设用地面积
和第二、第三产业生产总值

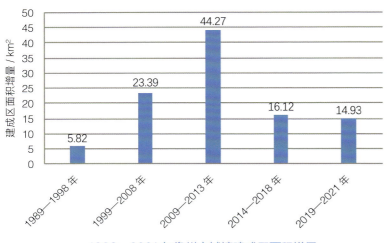

1989—2021 年儋州市城镇建成区面积增量

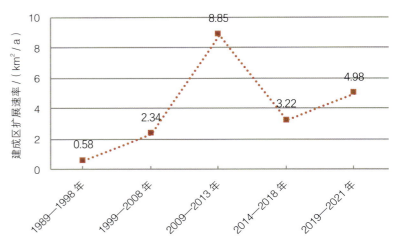

1989—2021 年儋州市城镇建成区扩展速率

3.3.2　儋州市遥感影像

2021 年儋州市那大城区遥感影像

1 : 46 000　0　0.46　0.92 km

2015 年儋州城区——儋州站遥感影像

2021 年儋州城区——儋州站遥感影像

2015 年儋州城区——儋州市中医院遥感影像

2021 年儋州城区——儋州市中医院遥感影像

1 : 15 000   0   0.15   0.3 km

3.3.3 儋州市重点发展区域遥感监测

儋州市白马井新城遥感影像（1988—2021 年）

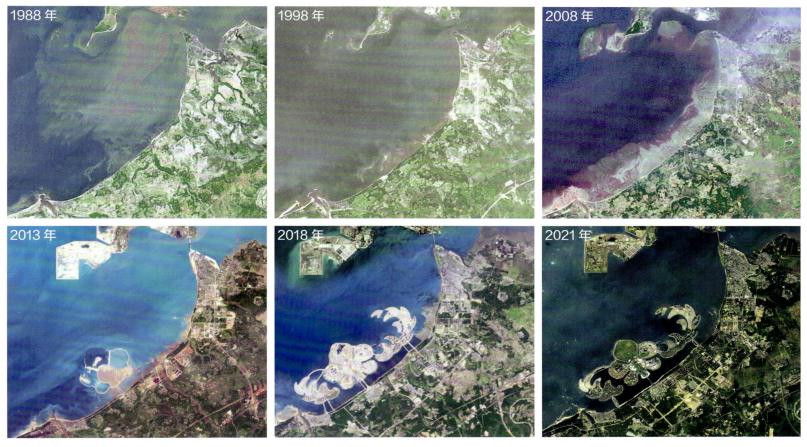

白马井新城位于儋州市中北部沿海地区，是儋州市中北部经济文化中心，海南省的西部重镇之一，是海南省较发达的一个渔业城镇。白马井新城拥有中心渔港、白马井互通和西环高铁站等基础设施。

1998 年，白马井经济开发区建设面积 1.55 km²；2013 年，城镇建成区面积扩大了 7.92 km²；2013 年至 2021 年，海花岛从开始填海建设到开发完成，白马井新城的建成区面积扩大了 10.64 km²。2021 年，海南省决定推动儋洋一体化发展，积极开发建设白马井新城。结合"产城乡、水林田"一体化融合布局模式，营造"一心一站三组团"的整体建设格局，着眼于白马井北片区东侧的城市服务主中心和白马井站的站城融合区。

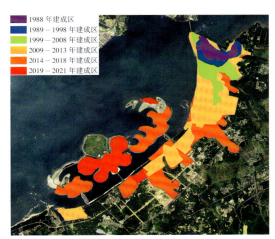

■	1988 年建成区
■	1989－1998 年建成区
■	1999－2008 年建成区
■	2009－2013 年建成区
■	2014－2018 年建成区
■	2019－2021 年建成区

1 : 180 000   0   1.8   3.6 km

儋州市洋浦经济开发区建设用地扩展（1988—2021年）

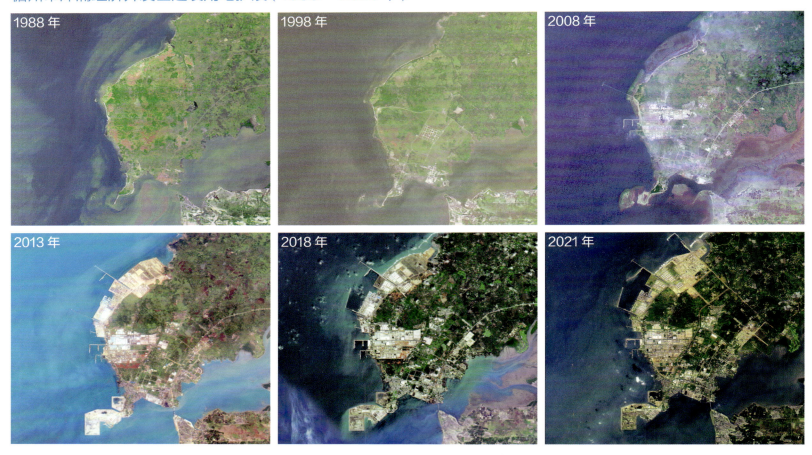

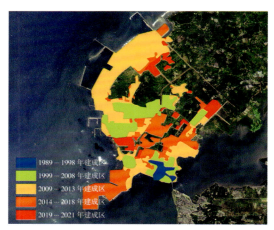

1 : 270 000   0   2.7   5.4 km

洋浦经济开发区位于洋浦半岛，北与广西隔海相望，西与越南一衣带水，毗邻东盟自由贸易区，是北部湾距离国际主航线最近的深水良港，是国务院1992年批准设立的享受保税区政策的国家级开发区。从遥感影像看出，1998年，洋浦港区域开始开发建设；2008年，洋浦港基于"一港三基地"的产业定位，建设国家新型工业产业化示范基地，加快面向东南亚的航运枢纽港、石油化工、浆纸一体化和油气储备基地的建设，1999年至2008年建设面积增加了9 km²；2009年至2018年，由于洋浦保税港区的批准成立和儋州市三都镇整建制划入洋浦，洋浦加快建设绿色石化产业区、港航物流产业区及东部生活服务区，建成区面积增加33.2 km²，洋浦港的"一港三基地"已基本成型。2019年至2021年，随着海南全岛建设自由贸易港，按照海南省新的定位和布局，洋浦经济开发区对产业定位进行调整，提出"三中心、两基地"，重点建设科创产业区、高端智造及新能源产业区和健康食品产业区，建成区面积增加了4.92 km²。

2015 年儋州市洋浦区白马井新城局部遥感影像

2021 年儋州市洋浦区白马井新城局部遥感影像

2015 年儋州市洋浦区经济开发区遥感影像

2021 年儋州市洋浦区经济开发区遥感影像

海南岛县级市、县和自治县城镇扩展遥感监测

（1988—2021年）

4.1 五指山市城镇扩展遥感监测

2021 年五指山市遥感影像

1 ：250 000

0   2.5   5.0 km

五指山市生态资源丰富，以生态旅游立市为核心，以发展具有热带山地雨林景观和浓郁民族风情的生态花园城市和旅游度假城市为目标，是有名的"翡翠山城"。

五指山市位于海南岛中南部腹地，因海南岛上最高山峰五指山而得名，是海南岛中部地区的中心城市和交通枢纽，全市面积 1 144 km²，最高海拔 1867 m，是海南岛海拔最高的山城，气候温和，属热带海洋性季风气候，四季不分明，夏无酷暑，冬无严寒。周围群山环绕，森林茂密，森林覆盖率近 90%，是海南省森林覆盖率最高的市县，是我国热带植被类型最多、雨林景观最为典型的地区。

2021 年，市域常住人口为 11.21 万人，城镇化率达到 60.39%，第二、第三产业生产总值为 29.03 亿元。

五指山市主城镇建设用地扩展（1988—2021 年）

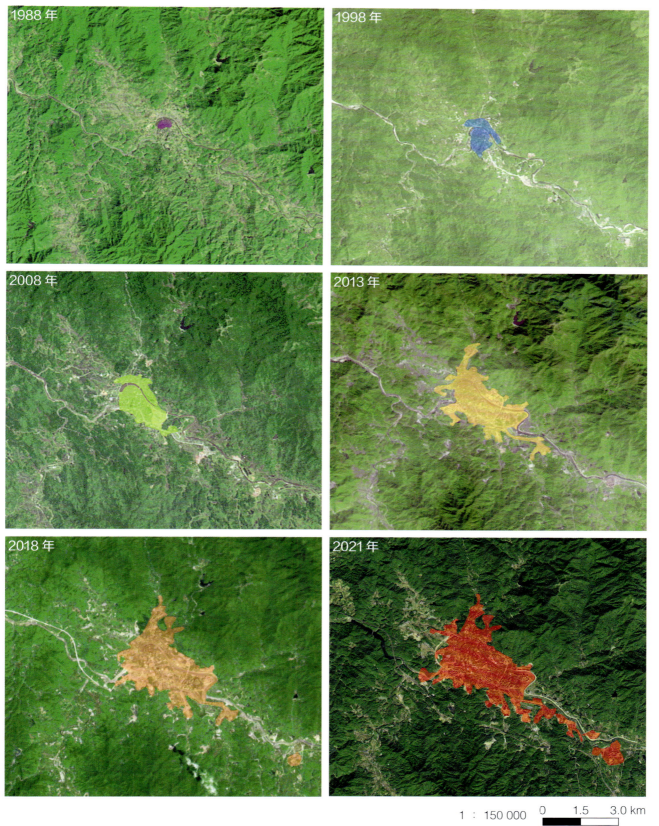

1988 年　　1998 年
2008 年　　2013 年
2018 年　　2021 年

1 : 150 000　　0　1.5　3.0 km

五指山市主城镇建设用地扩展（1988—2021 年）

五指山市主城镇建成区范围

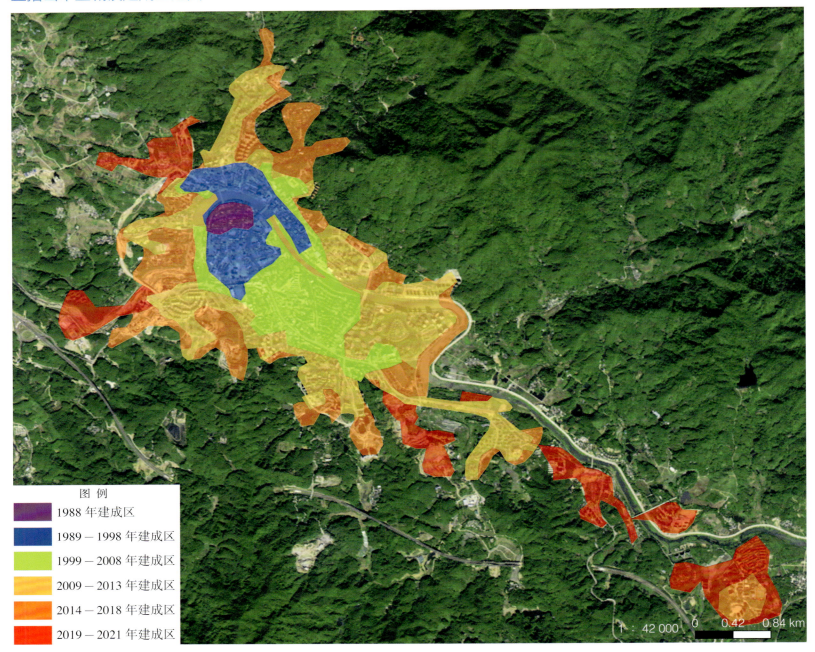

图 例
- 1988 年建成区
- 1989 – 1998 年建成区
- 1999 – 2008 年建成区
- 2009 – 2013 年建成区
- 2014 – 2018 年建成区
- 2019 – 2021 年建成区

1 : 42 000　　0　0.42　0.84 km

　　遥感监测结果显示，五指山市主城区沿南圣河及 G224 国道沿线扩展，33 年间城镇建成区年均扩展面积为 0.34 km²。

　　1988 年至 2021 年，五指山市城市建成区面积从 0.63 km² 扩大到 11.69 km²，其中扩展速度最快的为 2019 年至 2021 年，扩展面积为 0.87 km²；其次为 2009 年至 2013 年，年均扩展面积为 0.52 km²；2014 年至 2018 年，年均扩展面积为 0.34 km²；扩展速度最慢的是 1988 年至 1998 年，年均扩展面积为 0.12 km²。

1988 年至 2021 年，五指山市城镇常住人口从 3.20 万人上升到 6.77 万人；其中，增长速度最快为 2019 年至 2021 年，年均增长 1767 人；其次为 1989 年至 1998 年，年均增长 1 407 人；增长速度最慢的为 1999 年至 2008 年，人口年均增长 900 人。五指山市城镇常住人口呈现逐年增长趋势，但常住人口总量高于户籍人口，反映出五指山市为人口输入型特征。

五指山市生产总值也从 1988 年的 1.07 亿元增长到 2021 年的 36.76 亿元，生产总值增长了约 35.69 亿元，平均每年增加 1.08 亿元。第二、第三产业生产总值从 1988 年的 0.68 亿元增长到 2021 年的 29.03 亿元，其中 2019 年至 2021 的 3 年，生产总值年均增长 2.13 亿；2009 年至 2018 年，生产总值年均增长 1.56 亿元，生产总值增长最慢的是 1988 年至 1998 年，年均增长 0.29 亿元。

五指山市城镇常住人口和城市户籍人口

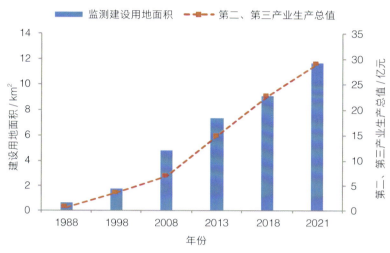

1988—2021 年五指山市建设用地面积
和第二、第三产业生产总值

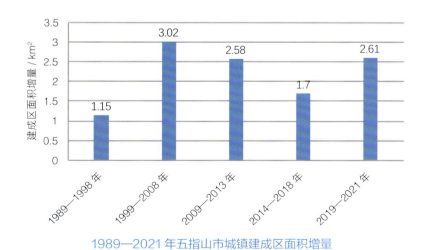

1989—2021 年五指山市城镇建成区面积增量

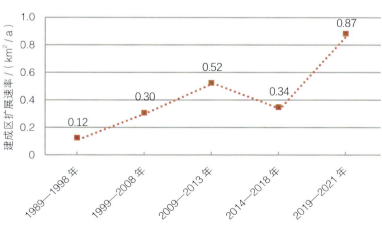

1989—2021 年五指山市城镇建成区扩展速率

1 : 26 000   0   0.26   0.52 km

2021 年五指山市主城镇遥感影像

2015 年五指山市主城区局部遥感影像

2021 年五指山市主城区局部遥感影像

1 : 18 000   0   0.18   0.36 km

4.2 文昌市城镇扩展遥感监测

2021 年文昌市遥感影像

文昌，自西汉建制已有 2 100 多年历史，为海南三大历史古邑之一。文昌市是中国著名的侨乡，琼崖革命重要的根据地之一，也是全国唯一的商业航天发射场所在城市，我国第四座航天城。文昌市龙楼镇建造的文昌航天发射场，是我国首个开放性滨海航天发射基地，也是世界上为数不多的低纬度发射场之一。

文昌市位于海南省东北部，东、南、北三面临海，陆地总面积 2 468 km²，下辖 17 个镇和 2 个农场。文昌市拥有约 303 km 长的海岸线，是海南岛海岸线最长的城市。文昌气候宜人，生态环境优美，常年平均气温 23.9 ℃，终年无霜，四季常绿。

2021 年，文昌市常住人口为 56.72 万人，城镇绿化率达到 61.60%，第二、第三产业生产总值为 204.55 亿元。

1 ： 450 000   0   4.5   9.0 km

文昌市中心城区城镇建设用地扩展（1988—2021年）

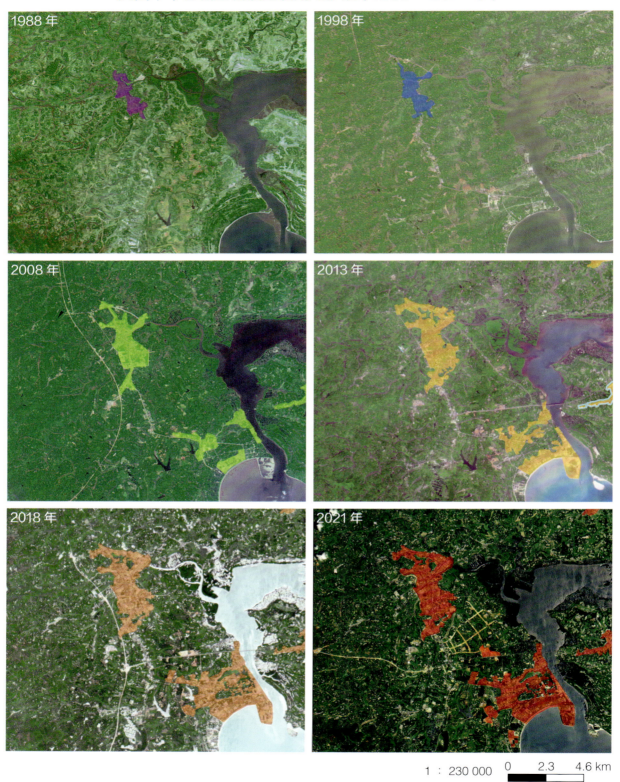

1 : 230 000

1988—2021 年文昌市城镇建成区范围

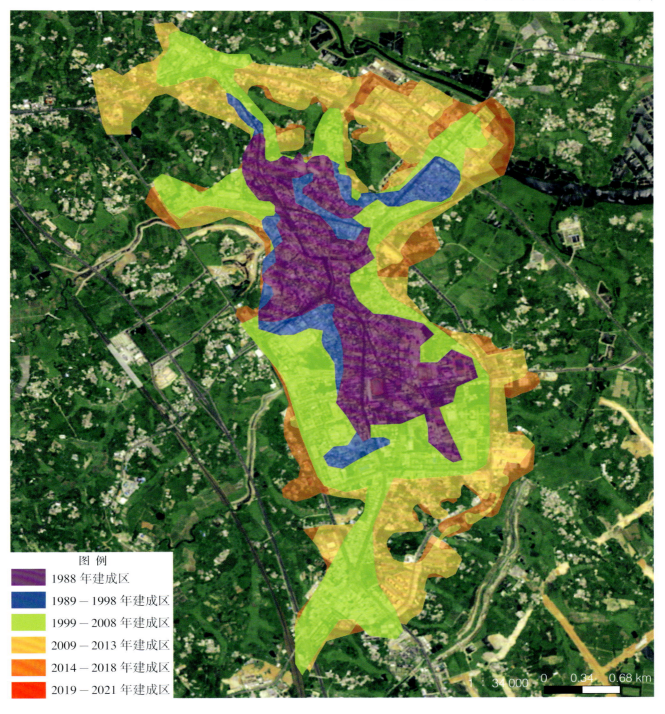

图 例

- 1988 年建成区
- 1989－1998 年建成区
- 1999－2008 年建成区
- 2009－2013 年建成区
- 2014－2018 年建成区
- 2019－2021 年建成区

1：34 000　0　0.34　0.68 km

1988 年至 2021 年，文昌市城市建成区面积从 6.74 km² 扩大到 41.9 km²，其中，扩展速度最快的为 2009 年至 2013 年，年均扩展面积为 3.82 km²；其次为 1999 年至 2008 年，年均扩展面积为 1.20 km²；扩展速度最慢的为 2014 年至 2018 年，扩展总面积为 0.25 km²。

从遥感影像上清晰地看到，文昌市城镇建成区主要向八门湾附近拓展，建成区集中在东郊镇、文城镇及清澜经济发展区和高隆湾沿海地区。33 年间城镇建成区平均年扩展 1.07 km²。

1988 年至 2021 年，文昌市城镇常住人口从 6.4 万人上升到 34.94 万人，其中，增长速度最快为 2009 年至 2013 年，年均增长 2.8 万人；其次为 2014 年至 2018 年，年均增长 0.76 万人；增长速度最慢的为 1989 年至 1998 年，人口共增长 2.23 万人。文昌市城镇人口呈现逐年增长，且常住人口增长速度和常住人口总量均超过户籍人口，显示出文昌市人口为输入型特征。

文昌市的生产总值也从 1988 年的 4.38 亿元增长到 2021 年的 308.73 亿元，增长约 304.35 亿元，年均增加 9.22 亿元。第二、第三产业的生产总值从 1988 年的 1.94 亿元增长到 2021 年的 204.55 亿元，其中 2019 年至 2021 年，生产总值年均增长 18.25 亿元；2014 年至 2018 年，生产总值年均增长 11.45 亿元，生产总值增长最慢的是 1988 年至 1998 年，年均增长 1.37 亿元。

文昌市城镇常住人口和城镇户籍人口

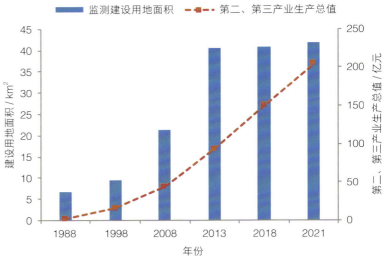

1988—2021 年文昌市监测建设用地面积
和第二、第三产业生产总值

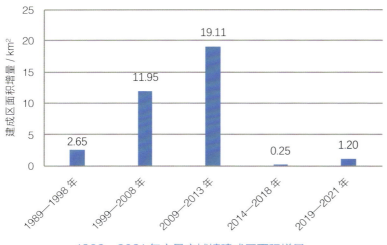

1989—2021 年文昌市城镇建成区面积增量

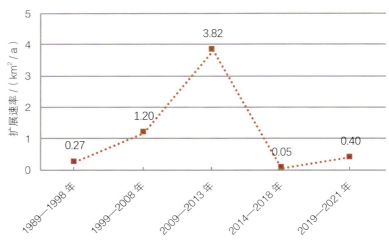

1989—2021 年文昌市城镇建成区扩展速率

2021 年文昌市中心城区遥感影像

1 : 35 000　　0　　0.35　　0.7 km

2015 年国际航天城旅游区遥感影像

2021 年国际航天城旅游区遥感影像

1 ： 18 000   0   0.18   0.36 km

　　文昌国际航天城诞生于 2020 年，肩负着建设航天领域重大科技创新基地、打造空间科技创新战略高地的历史使命。文昌航天发射场作为我国四大卫星发射基地之一，是我国首个滨海卫星发射基地，也是世界上为数不多的低纬度发射场。海南省充分发挥商业航天发射场主场优势与自贸港政策优势的叠加效应，瞄准世界商业航天发展前沿，加快构建火箭链、卫星链和数据链产业生态体系，支持文昌市建成世界一流的国际航天城。

4.3　琼海市城镇扩展遥感监测

琼海市，别名琼东，是海南东部的交通枢纽和中心城市，素有"文化之乡""华侨之乡"和"文明之乡"的美誉，是充满传奇色彩的红色娘子军故乡和"博鳌亚洲论坛"永久会址所在地。琼海市陆地面积 1 715.88 km²，海域面积 1 532.35 km²，辖 12 个镇和一个专属经济区（华侨农场）。琼海市背山面海，母瑞山余脉自西向东延伸而入，构成了全境地势自西向东倾斜的特点。琼海市属热带海洋性季风气候，四季不明显，年平均气温 24.8 ℃。

2021 年，市域常住人口为 53.46 万人，城镇化率达到 50.28%，第二、第三产业生产总值为 186.28 亿元。

2021 年琼海市遥感影像

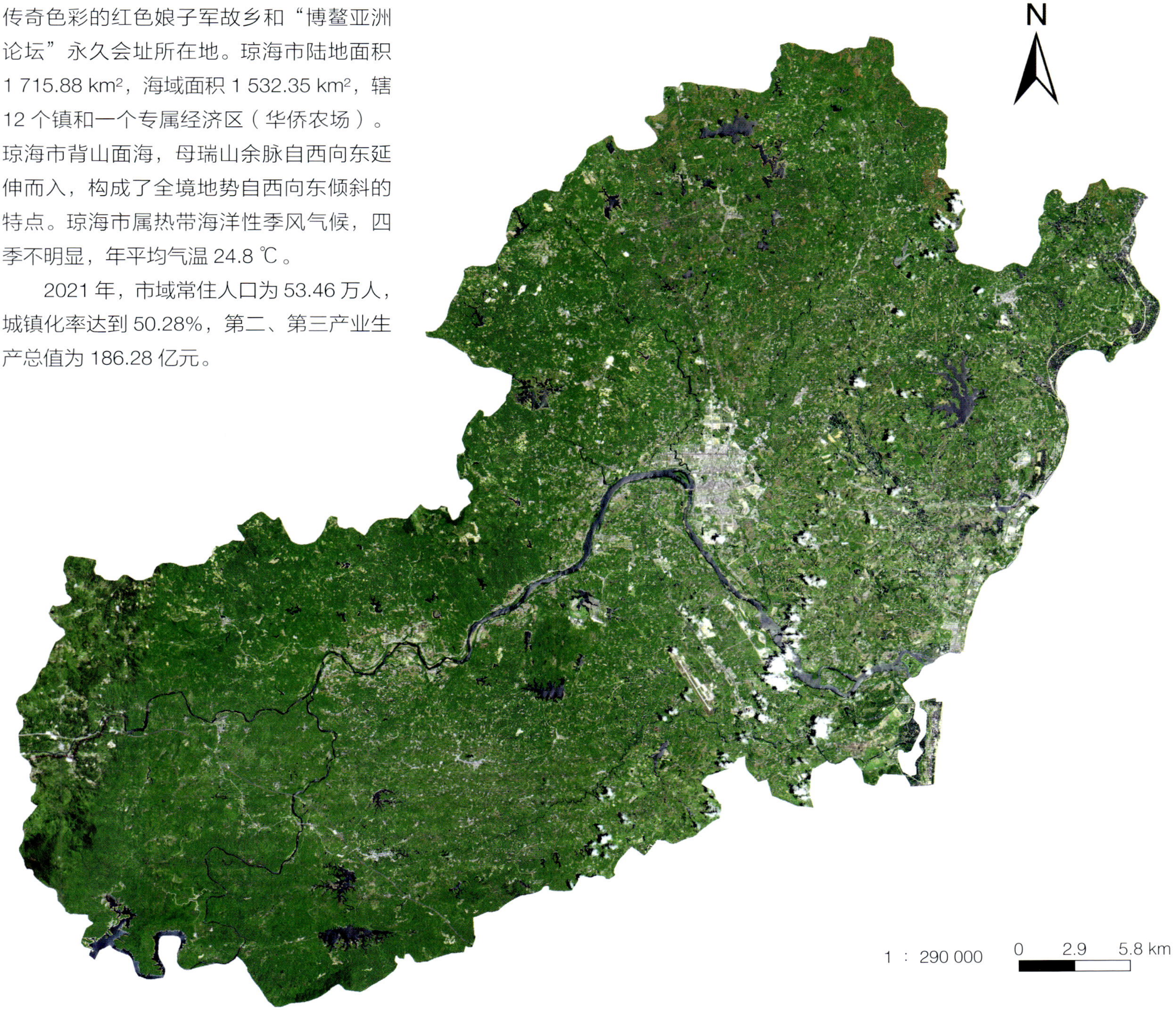

N

1 : 290 000

0　2.9　5.8 km

琼海市（嘉积镇）建设用地扩展（1988—2021 年）

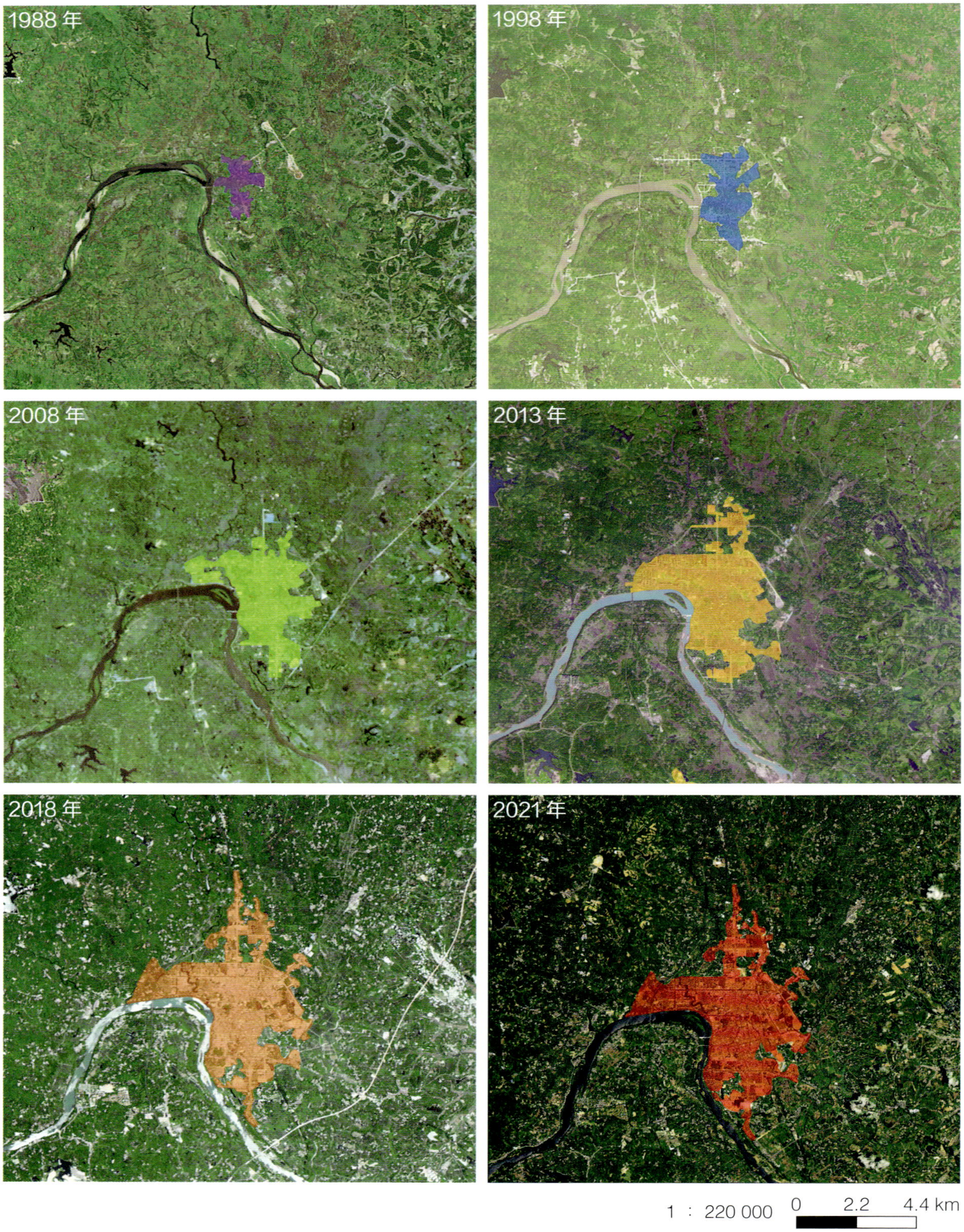

1988 年

1998 年

2008 年

2013 年

2018 年

2021 年

1 ： 220 000   0   2.2   4.4 km

琼海市（嘉积镇）城镇建成区范围（1988—2021 年）

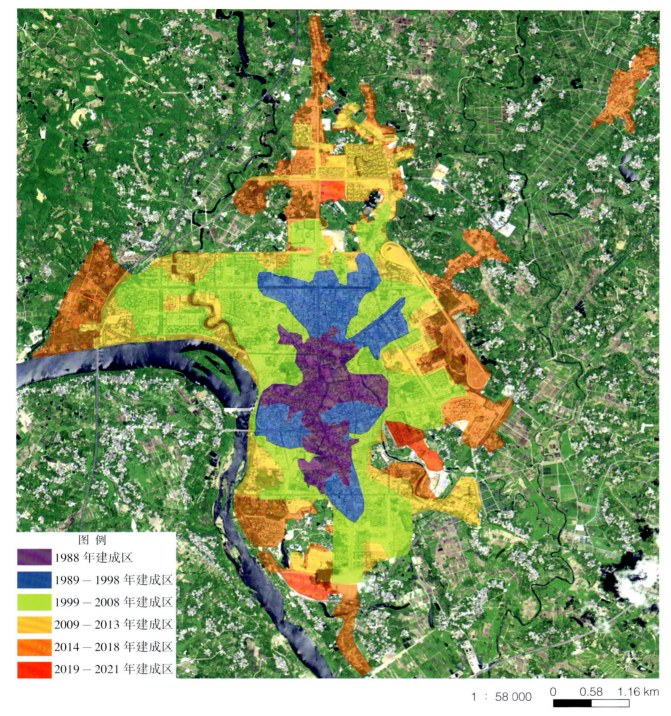

图 例
- 1988 年建成区
- 1989 — 1998 年建成区
- 1999 — 2008 年建成区
- 2009 — 2013 年建成区
- 2014 — 2018 年建成区
- 2019 — 2021 年建成区

1：58 000

0   0.58   1.16 km

遥感监测结果显示，琼海市城镇建成区主要沿金海路和银海路从中心城区向外扩展，形成高铁门户形象中心、南部旅游综合功能区和北部商住旅游综合区。33 年间城市建成区面积年均扩展 1.45 km²。

1988 年至 2021 年，琼海市城市建成区面积从 4.95 km² 扩大到 52.84 km²，其中扩展速度最快的为 2014 年至 2018 年，年均扩展面积为 2.56 km²；其次为 2009 年至 2013 年，年均扩展面积为 2.18 km²；扩展速度最慢的时期为 1989 年至 1998 年，扩展总面积为 5.09 km²。

1988 年至 2021 年，琼海市城镇常住人口从 4.25 万人上升到 26.88 万人。其中，2009 年至 2013 年增长速度最快，年均增长 1.34 万人；其次为 2014 年至 2018 年，年均增长 1.03 万人；增长速度最慢的为 2019 年至 2021 年，人口共增长 0.2 万人。琼海市城镇常住人口数量逐年上升，且超过城镇户籍人口，显示出琼海市人口输入型特征。

琼海市生产总值从 1988 年的 5.44 亿元增长到 2021 年的 337.83 亿元，增长了约 332.39 亿元，年均增加 10.07 亿元。第二、第三产业生产总值从 1988 年的 1.99 亿元增长到 2021 年的 186.28 亿元，其中 2014 年至 2018 年，年均增长 74.63 亿；2009 年至 2013 年的 5 年，年均增长 71.25 亿元。

琼海市城镇常住人口和城镇户籍人口

1988—2021 年琼海市监测建设用地面积
和第二、第三产业生产总值

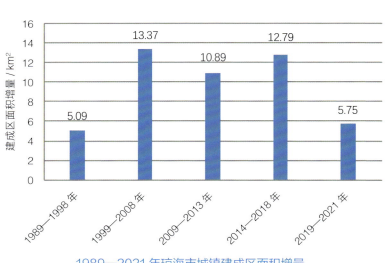

1989—2021 年琼海市城镇建成区面积增量

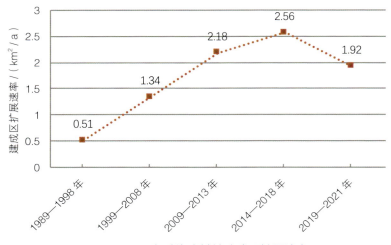

1989—2021 年琼海市城镇建成区扩展速率

2018 年琼海市（嘉积镇）遥感影像

2021 年琼海市（嘉积镇）遥感影像

2018 年潭门镇遥感影像

2021 年潭门镇遥感影像

4.4　万宁市城镇扩展遥感监测

2021 年万宁市遥感影像

1 : 290 000　　0　　2.9　　5.8 km

　　万宁市，拥有宜人的气候、优质的海岸线和优美的自然风光，是世界长寿之乡，同时享有世界冲浪胜地、"中国槟榔之乡"和"中国武术之乡"等美誉。

　　万宁市位于海南岛东南部沿海，东濒南海，西毗琼中，南邻陵水，北与琼海接壤，陆地面积 1 904 km²，海域面积 2 780 km²，海岸线长

109 km。万宁地处热带和亚热带的交界处，属热带海洋性季风气候，生态优良，气候宜人，年平均气温 24.8 ℃。

　　2021 年，市域常住人口为 55.30 万人，城镇化率达到 42.42%，第二、第三产业生产总值为 194.99 亿元。

万宁市中心城区（万城镇）城镇建成区扩展（1988—2021 年）

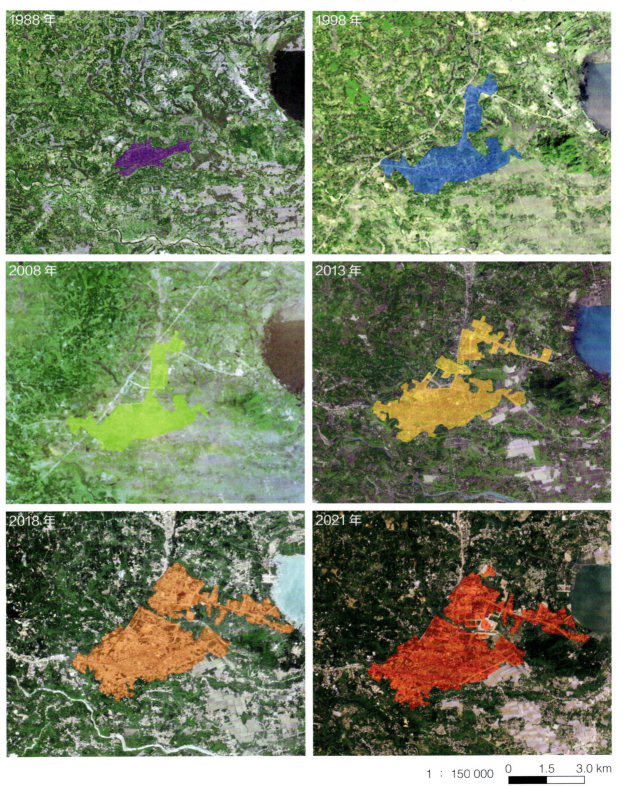

1 : 150 000　　0　1.5　3.0 km

万宁市中心城区（万城镇）城镇建成区范围

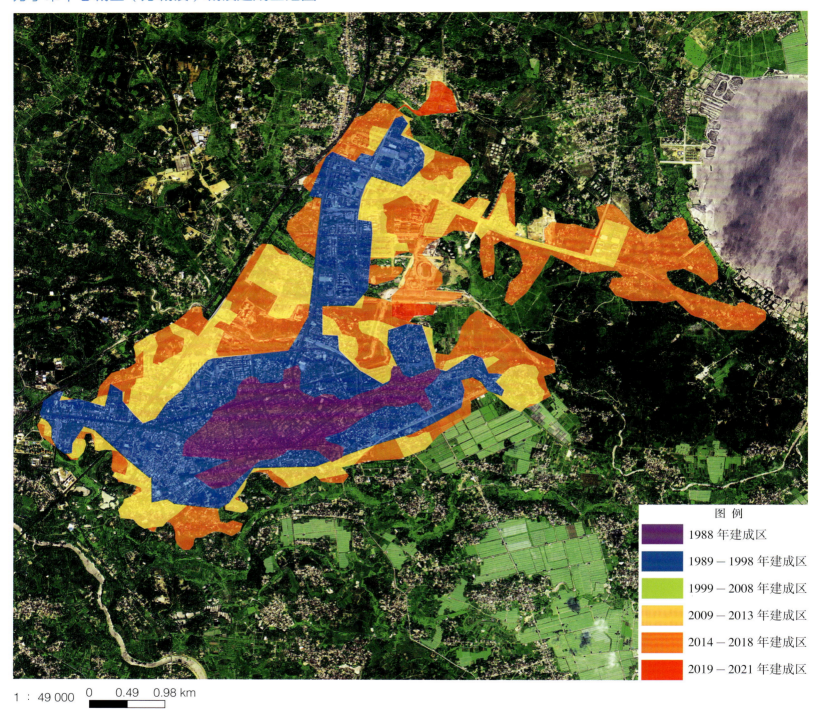

图 例

1988 年建成区

1989－1998 年建成区

1999－2008 年建成区

2009－2013 年建成区

2014－2018 年建成区

2019－2021 年建成区

1 ： 49 000   0   0.49   0.98 km

遥感监测结果显示，万宁市城镇建成区主要沿东环铁路以及环岛高速沿线扩展，发展较为迅速的区域有万成镇、兴隆华侨农场以及东澳镇。33 年间城镇建成区平均年扩展 1.94 km²。

1988 年至 2021 年，万宁市城镇建成区面积从 4.59 km² 扩大到 68.51 km²，其中扩展速度最快的为 2009 至 2013 年，年均扩展面积为 6.91 km²；其次为 2014 年至 2018 年，年均扩展面积为 1.93 km²；扩展速度最慢的为 1989 年至 1998 年，扩展总面积为 2.75 km²。

1988 年至 2021 年，万宁市城镇常住人口从 4.33 万人上升到 23.46 万人，其中，增长速度最快的时期为 2009 年至 2013 年，年均增长 6.94 万人；其次为 1999 年至 2008 年，年均增长 0.64 万人；增长速度最慢的时期为 1989 年至 1998 年，人口共增长 4.17 万人。2019 年之前，万宁市城镇人口呈现逐年增长，城镇常住人口数量大于城镇户籍人口数量，显示出万宁市人口输入型特征；2019 年以后，万宁市城镇户籍人口远超城镇常住人口，万宁市人口呈现为输出型特征。

万宁市生产总值从 1988 年的 4.09 亿元增长到 2021 年的 276.03 亿元，增长了约 271.94 亿元，年均增加 8.24 亿元。第二、第三产业生产总值从 1988 年的 1.6 亿元增长到 2021 年的 194.99 亿元，其中 2014 年至 2018 的 5 年，生产总值年均增长 12.18 亿；2019 年至 2021 年的 3 年，生产总值年均增长 11.98 亿元。

万宁市城镇常住人口和城镇户籍人口

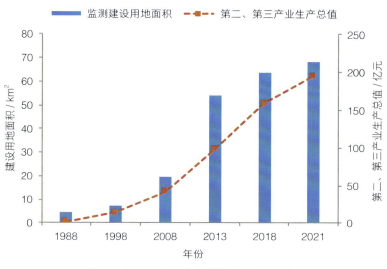

1988—2021 年万宁市监测建设用地面积
和第二、第三产业生产总值

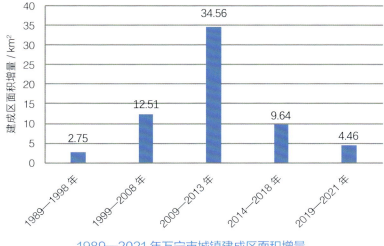

1989—2021 年万宁市城镇建成区面积增量

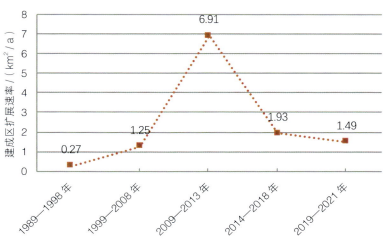

1989—2021 年万宁市城镇建成区扩展速率

2021 年万宁市中心城区（万城镇）遥感影像

石梅湾遥感影像

2015 年

2021 年

1 : 18 000   0   0.18   0.36 km

2021 年兴隆华侨旅游经济区遥感影像

1：27 000

0　0.27　0.54 km

4.5　定安县城镇扩展遥感监测

2021 年定安县遥感影像

N

定安县，以打造海南省都市农业发展区、海南省历史文化旅游目的地和区域新兴产业协同集聚地为发展定位，努力成为新时代推进生态文明的典范；目前已经成为"中国民间文化（琼剧）艺术之乡""全国农产品加工业示范基地"和"中国热带火山冷泉之乡"。

定安县地处海南省东北部内陆、南渡江中游南畔，总面积 1 196.6 km²。定安县地势南高北低，属于丘陵和台阶地带。定安县生态环境秀美，属热带季风海洋性气候，气候温和，热量丰富，阳光充足，雨量充沛。

2021 年，市域常住人口为 28.79 万人，城镇化率达到 41.19%，第二、第三产业生产总值为 76.24 亿元。

1 : 260 000　　0　　2.6　　5.2 km

定安县中心城区（定城镇）城镇建成区扩展（1988—2021年）

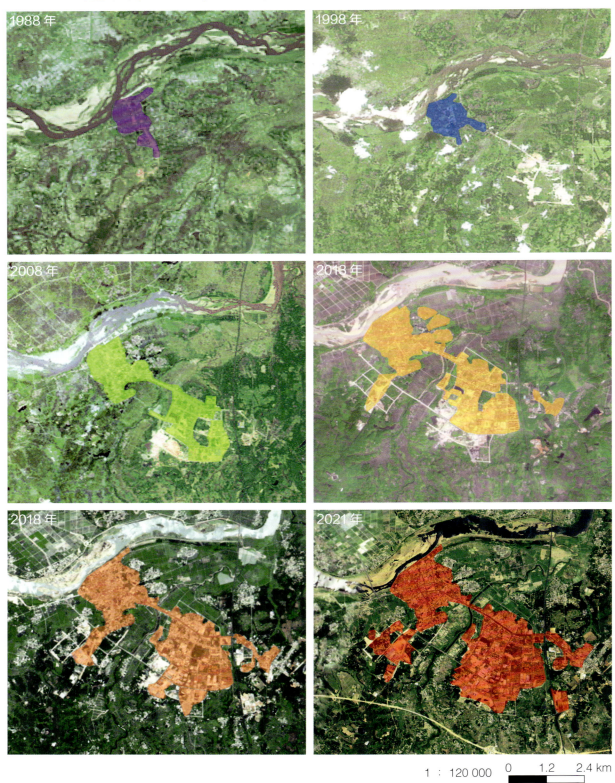

1 ： 120 000

0   1.2   2.4 km

定安县中心城区（定城镇）城镇建成区范围

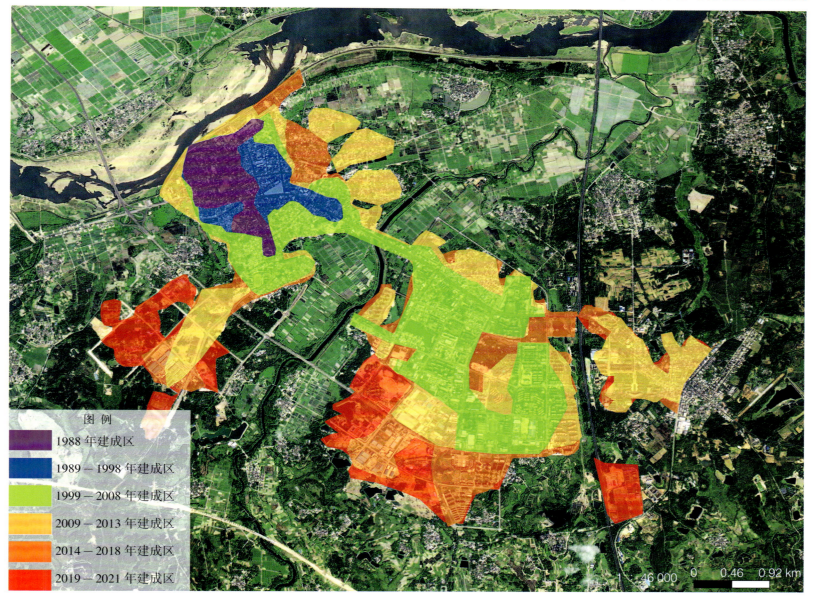

图 例

- 1988 年建成区
- 1989—1998 年建成区
- 1999—2008 年建成区
- 2009—2013 年建成区
- 2014—2018 年建成区
- 2019—2021 年建成区

　　遥感监测结果显示，定安县中心城区建成区主要沿南渡江和 S202 省道沿线扩展，33 年间城市建成区平均年扩展 0.6 km²。

　　1988 年至 2021 年，定安县城镇建成区从 2.65 km² 扩大到 22.36 km²，其中扩展速度最快的时期为 2009 年至 2013 年，年均扩展面积为 0.93 km²；其次为 1999 年至 2008 年，年均扩展面积为 0.83 km²；扩展速度最慢的为 1989 年至 1998 年，扩展总面积为 1.8 km²。

1988 年至 2021 年，定安县城镇常住人口从 3.65 万人上升到 11.86 万人。其中，1989 年至 2018 年，常住人口均在增长，增长速度最快的时期为 2014 年至 2018 年，年均增长 0.47 万人；其次为 1999 年至 2008 年，年均增长 0.45 万人；增长速度最慢的时期为 1989 年至 1998 年，人口共增长 1.41 万人。2020 年至 2021 年，城镇常住人口数据显著下降，从 2019 年的 13.99 万人降到 2021 年的 11.86 万人。定安县城镇常住人口缓慢增长，2020 年开始大幅减少，城镇常住人口数据基本

大于城镇户籍人口，其人口呈现输入型特征。

定安县生产总值从 1988 年的 2.64 亿元增长到 2021 年的 117.64 亿元，增长了约 115 亿元，年均增加 3.48 亿元。第二、第三产业生产总值从 1988 年的 0.95 亿元增长到 2021 年的 76.24 亿元，其中 2014 年至 2018 年的 5 年，年均增长 5.26 亿；2009 年至 2013 年，年均增长 4.82 亿元；生产总值增长最慢的是 1989 年至 1998 年，年均增长 0.22 亿元。

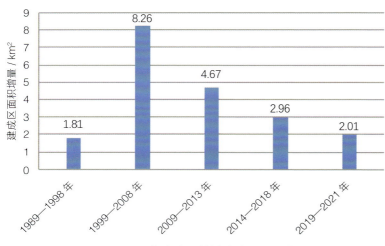

定安县城镇常住人口和城镇户籍人口

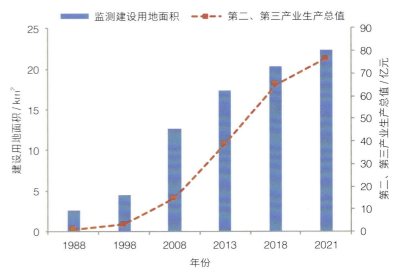

1988—2021 年定安县监测建设用地面积
和第二、第三产业生产总值

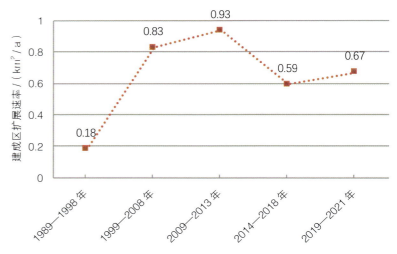

1989—2021 年定安县城镇建成区面积增量

1989—2021 年定安县城镇建成区扩展速率

2021 年安定县中心城区（定城镇）遥感影像

1：35 000　0　0.35　0.7 km

2014 年定安南丽湖遥感影像

2021 年定安南丽湖遥感影像

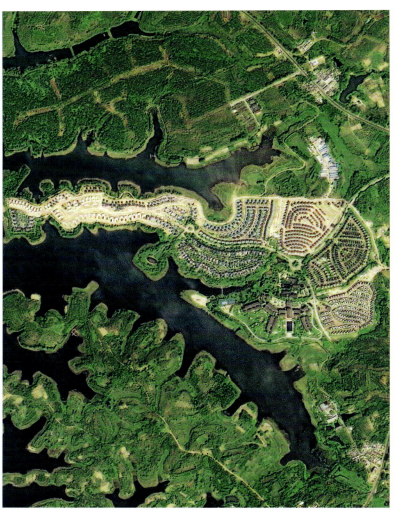

1 : 18 000   0   0.18   0.36 km

4.6　屯昌县城镇扩展遥感监测

　　屯昌县，努力打造生态循环农业示范县和南药养生观光旅游区，素有"海南中部门户"之称。

　　屯昌县位于海南岛中部偏北，是全省唯一的丘陵地带，东与定安县、琼海市交界，南与琼中县接壤，西北与澄迈县毗邻，总面积 1 224.29 km²，占海南省陆地面积的 3.6%。屯昌县地势呈南高北低，东西有山地，山地占全县总面积的 5%，丘陵占 85%，其他地占 10%。屯昌县地处五指山北麓低山丘陵地带，属热带季风气候。

　　2021 年，市域常住人口为 25.54 万人，城镇化率达到 45.46%，第二、第三产业生产总值为 67.95 亿元。

2021 年屯昌县遥感影像

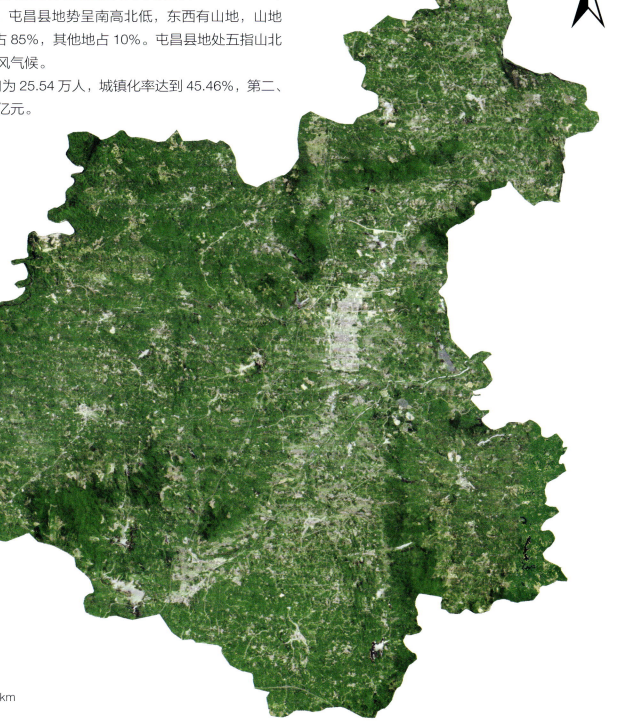

1 ： 250 000　　0　2.5　5.0 km

屯昌县中心城区（屯城镇）城镇建成区扩展（1988—2021年）

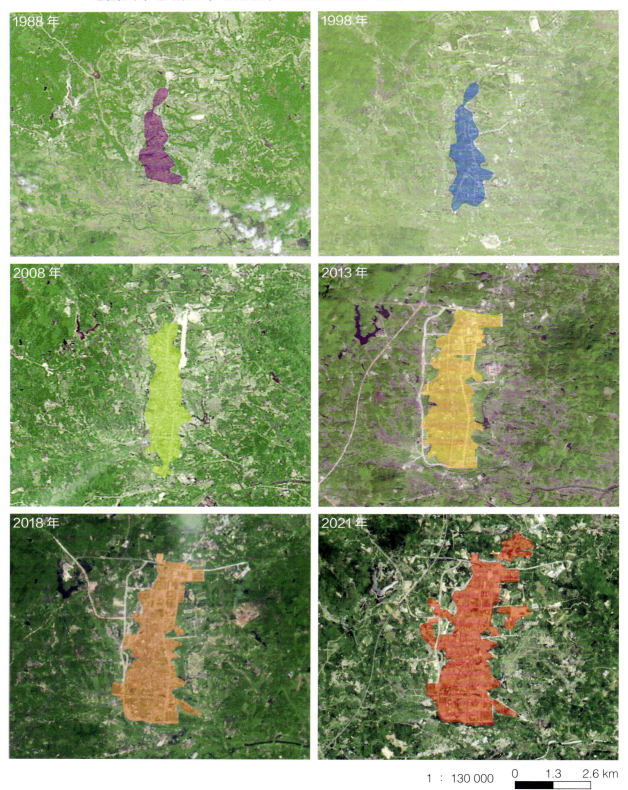

1 : 130 000

0　1.3　2.6 km

屯昌县中心城区（屯城镇）城镇建成区范围

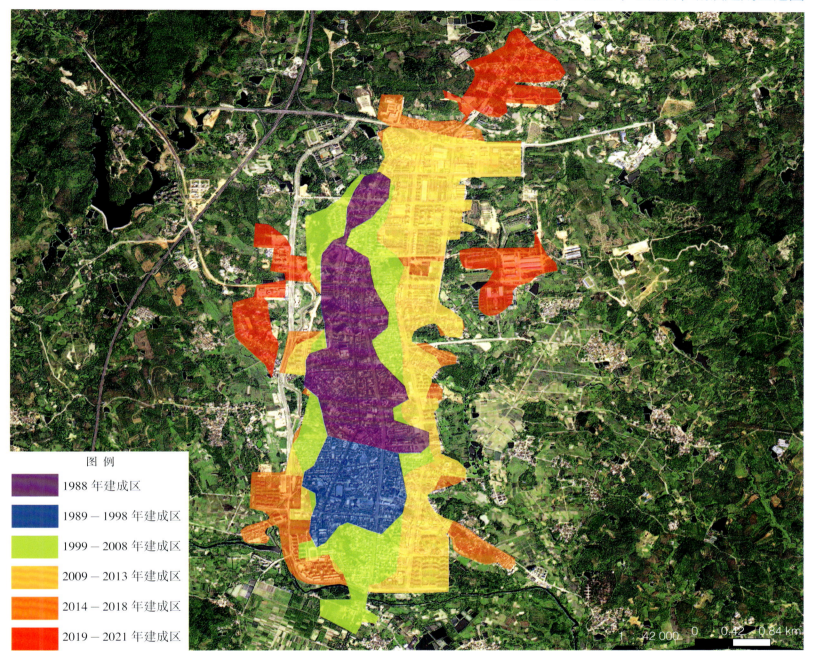

图 例

- 1988 年建成区
- 1989 － 1998 年建成区
- 1999 － 2008 年建成区
- 2009 － 2013 年建成区
- 2014 － 2018 年建成区
- 2019 － 2021 年建成区

1 ：42 000　0　0.42　0.84 km

　　屯昌县积极融入海口经济圈，以屯昌县主城区和城北产城融合示范区作为核心动力，发展屯昌县经济，构筑"中聚成轴、一心两翼、两区三廊、双网耦合"的国土空间开发保护格局。遥感监测结果显示，城镇建成区主要沿海榆中线高速和省道 S393 交汇处扩展。33 年间城镇建成区平均年扩展 0.52 km²。

　　1988 年至 2021 年，屯昌城镇建成区面积从 2.77 km² 扩大到 19.77 km²，其中扩展速度最快时期的为 2009 年至 2013 年，年均扩展面积为 1.42 km²；其次为 2019 年至 2021 年，年均扩展面积为 0.88 km²；扩展速度最慢的时期为 2014 年至 2018 年，扩展总面积为 0.13 km²。

1988 年至 2021 年，屯昌县城镇常住人口从 2.60 万人上升到 11.61 万人。其中，1989 年至 2019 年，常住人口均在增长，增长速度最快的时期为 1999 年至 2008 年，年均增长 0.56 万人；其次为 2014 年至 2018 年，年均增长 0.37 万人；增长速度最慢的时期为 1989 年至 1998 年，人口共增长 1.74 万人。2020 年至 2021 年，城镇常住人口数据显示下降，从 2019 年的 12.85 万人降到 2021 年的 11.61 万人。

屯昌县生产总值也从 1988 年的 2.48 亿元增长到 2021 年的 96.79 亿元，增长了约 94.31 亿元，年均增加 2.86 亿元。第二、第三产业生产总值，从 1988 年的 0.78 亿元增长到 2021 年的 67.95 亿元，其中 2019 年至 2021 的 3 年，生产总值年均增长 6.26 亿元；2014 年至 2018 年的 5 年，年均增长 4.01 亿元；增长最慢的时期是 1989 年至 1998 年，年均增长 0.35 亿元。

屯昌县城镇常住人口和城镇户籍人口

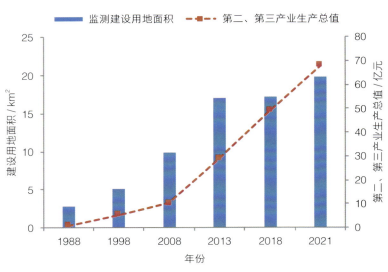

1988—2021 年屯昌县监测建设用地面积
和第二、第三产业生产总值

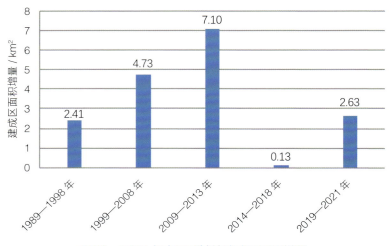

1989—2021 年屯昌县城镇建成区面积增量

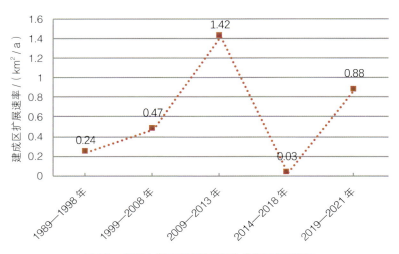

1989—2021 年屯昌县城镇建成区扩展速率

2021年屯昌县中心城区（屯城镇）城镇建成区遥感影像

1 : 30 000　　0　0.3　0.6 km

2015 年屯城镇文体公园区域遥感影像

2021 年屯城镇文体公园区域遥感影像

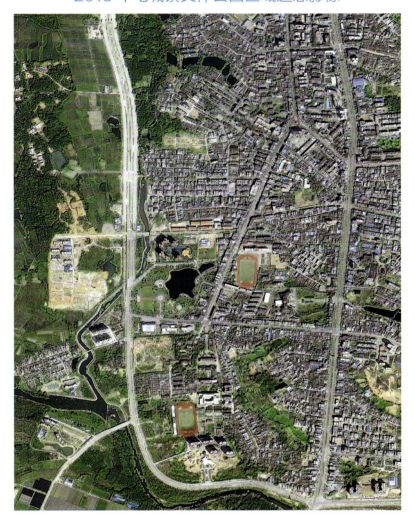

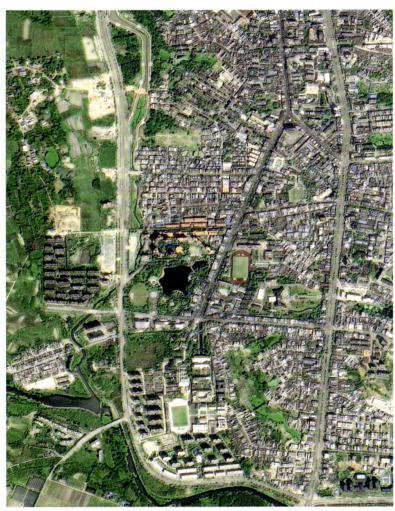

1 : 18 000　0　0.18　0.36 km

4.7 澄迈县城镇扩展遥感监测

澄迈县是海南省数字创新生态引领区、港产城融合发展先行区、农旅融合消费样板县和生态文明建设示范区，是"海澄文定"一体化综合经济圈的重要组成部分。

澄迈县位于海南岛西北部，毗邻省会海口市，与广东雷州半岛隔海相望，位于环北部湾城市群内，全县陆地面积 2 077.78 km²，海域面积 476.73 km²，地势南高北低，南部为丘陵山地，中部为河积平原，北部为台地和海积平原，气候温和，日照充足，资源丰富。澄迈县拥有森林资源面积 1 200 km²，森林覆盖率达 54%以上，负离子含量极高，是名副其实的"天然大氧吧"。

2021 年，市域常住人口为 50.33 万人，城镇化率达到 61.18%，第二、第三产业生产总值为 303.31 亿元。

2021 年澄迈县遥感影像

1 : 330 000　0　3.3　6.6 km

澄迈县金江镇城镇建成区扩展（1988—2021年）

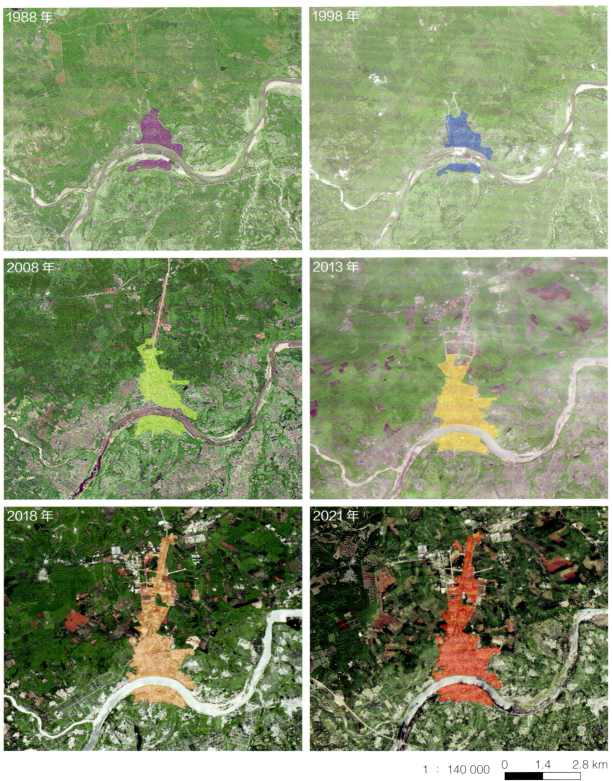

1 ： 140 000

澄迈县金沙镇城镇建成区范围

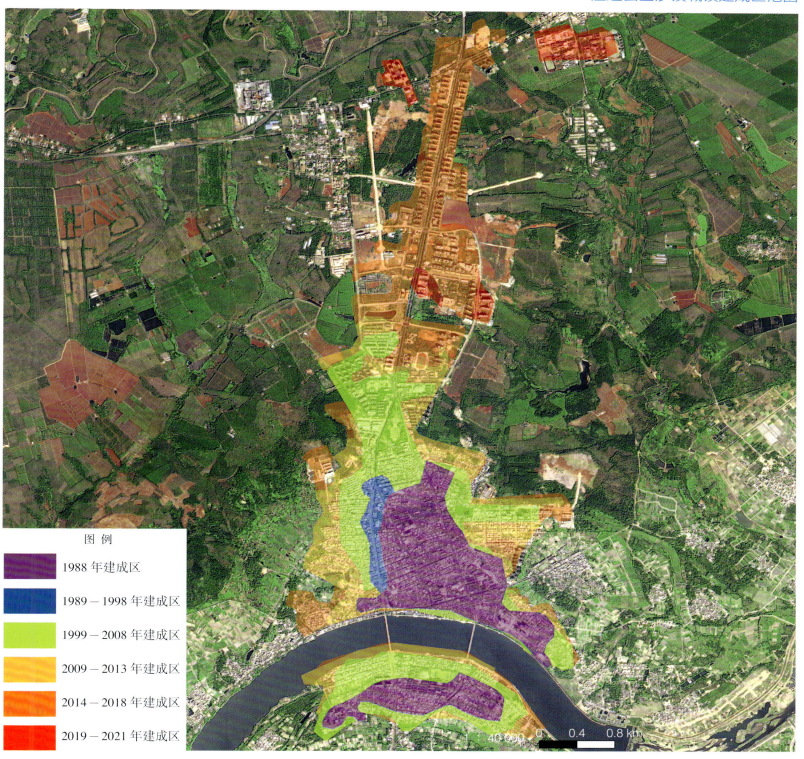

图 例

- 1988 年建成区
- 1989－1998 年建成区
- 1999－2008 年建成区
- 2009－2013 年建成区
- 2014－2018 年建成区
- 2019－2021 年建成区

40 000　0　0.4　0.8 km

　　遥感监测结果显示，澄迈县城镇建成区的建设呈现"双中心"的特点：一个以金江镇为中心扩展，沿南渡江向北延伸；另一个在澄迈湾附近，以老城中心城区为中心扩展。

　　1988 年至 2021 年，澄迈县金江镇城镇建成区从 6.01 km² 扩大到 58.4 km²，其中扩展速度最快的时期为 2009 年至 2013 年，年均扩展面积为 5.77 km²；其次为 2014 年至 2018 年，年均扩展面积为 2.13 km²；扩展速度最慢的时期为 1989 年至 1998 年，扩展总面积为 0.05 km²。

澄迈县老城中心城区建成区扩展（1988—2021年）

1988 年

1998 年

2008 年

2013 年

2018 年

2021 年

1 ： 190 000　　0　　1.9　　3.8 km

澄迈县老城中心城区城镇建成区范围

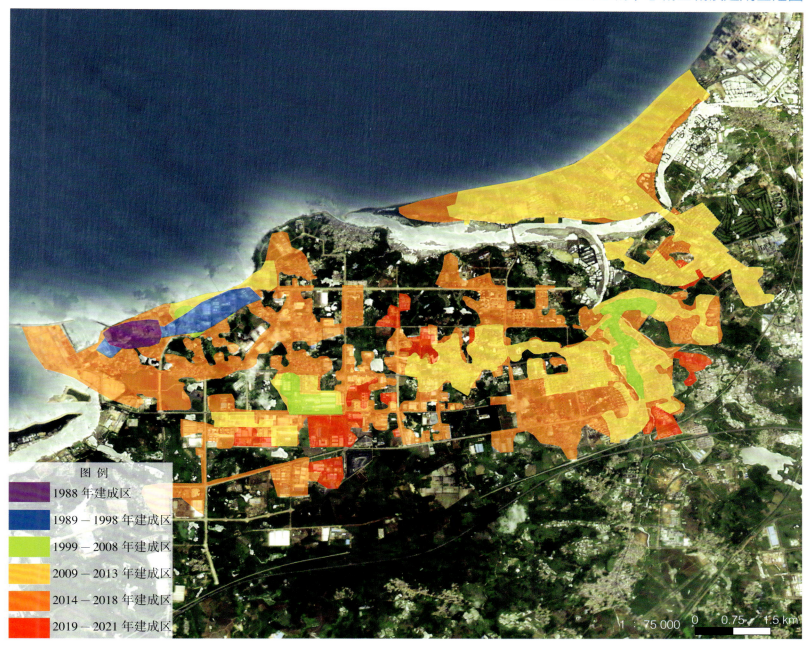

图 例
- 1988 年建成区
- 1989 — 1998 年建成区
- 1999 — 2008 年建成区
- 2009 — 2013 年建成区
- 2014 — 2018 年建成区
- 2019 — 2021 年建成区

1 : 75 000　　0　0.75　1.5 km

　　海南老城经济开发区创建于 1988 年，位于老城中心城区，1988 年至 2021 年，澄迈县老城中心城区建成区面积从 0.57 km² 扩大到 37.37 km²。2006 年老城经济开发区升级为省级开发区，是澄迈县经济发展的龙头区域，建成区面积从 1988 年至 2008 年增加了 1.41 km²。2008 年以后，在建设国际旅游岛和海南岛西部建设的浪潮中，盘活土地资源，加大基础设施建设，建成区面积快速增加，主要集中在盈滨半岛旅游度假区及海口综合保税区，其中扩展速度最快的时期为 2014 年至 2018 年，年均扩展面积为 3.47 km²；其次为 2009 年至 2013 年，年均扩展面积为 2.98 km²。

1988 年至 2021 年，澄迈县城镇常住人口从 4.60 万人上升到 30.79 万人，其中，增长速度最快的时期为 2014 年至 2018 年，年均增长 1.48 万人；其次为 2019 年至 2021 年，年均增长 0.97 万人；增长速度最慢的时期为 1989 年至 1998 年，10 年间人口共增长 3.93 万人。2011 年，澄迈县城镇户籍人口略大于城镇常住人口，从 2012 年开始，城镇常住人口多于城镇户籍人口。2017 年至 2021 年，城镇常住人口远大于城镇户籍人口，反映出澄迈县人口发展趋势为外部人口迁入的特征。

澄迈县生产总值也从 1988 年的 3.63 亿元增长到 2021 年的 400.81 亿元，增长了约 397.18 亿元，年均增加 12.04 亿元。第二、第三产业生产总值，从 1988 年的 0.85 亿元增长到 2021 年的 303.31 亿元，其中 2019 年至 2021 年，生产总值年均增长 27.15 亿元，2009 年至 2013 年的生产总值年均增长 20.24 亿；生产总值增长最慢的时期为 1989 年至 1998 年，年均增长 0.98 亿元。

澄迈县城镇常住人口和城镇户籍人口

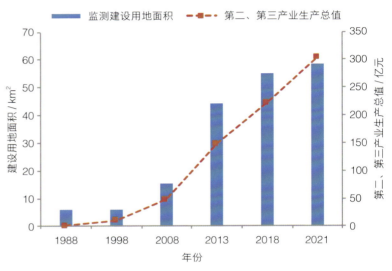

1988—2021 年澄迈县监测建设用地面积
和第二、第三产业生产总值

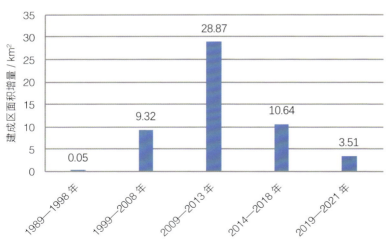

1989—2021 年澄迈县城镇建成区面积增量

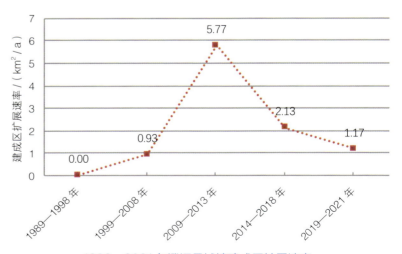

1989—2021 年澄迈县城镇建成区扩展速率

澄迈县金沙镇遥感影像

2015 年金沙镇局部遥感影像

2021 年金沙镇局部遥感影像

1 ： 18 000   0   0.18   0.36 km

澄迈县老城中心城区影像

35 000　0　0.35　0.7 km

2021 年澄迈县老城中心马村港遥感影像

2021 年澄迈县老城中心盈滨半岛旅游度假区遥感影像

1 : 14 000   0   0.14   0.28 km

4.8　临高县城镇扩展遥感监测

2021 年临高县遥感影像

N

临高县位于海南省西北部，东邻澄迈县，西南与儋州市接壤，西北濒临北部湾，北濒琼州海峡，陆地面积1 344.51 km²，海域面积675.66 km²，境内海岸线长 114.7 km。临高县属热带海洋性季风气候，年平均气温23 ～ 25℃之间，年平均降雨量1 100 ～ 1 800 mm。临高生态环境优美，旅游资源丰富，地势平坦，土地肥沃，物产丰富，有"鱼米之乡"的美誉，海水养殖条件优越，海洋捕捞产值和产量位居全省首位。

2021 年，市域常住人口为 42.26 万人，城镇化率达到50.24%，第二、第三产业生产总值为 84.29 亿元。

1 : 250 000　　0　2.5　5.0 km

临高县中心城区城镇建设用地扩展（1988—2021年）

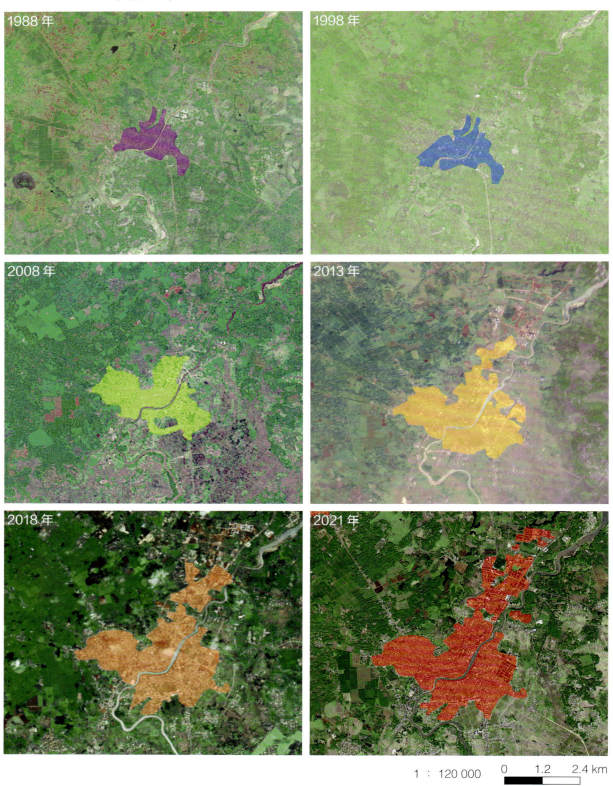

1 ： 120 000   0   1.2   2.4 km

临高县中心城区城镇建成区范围

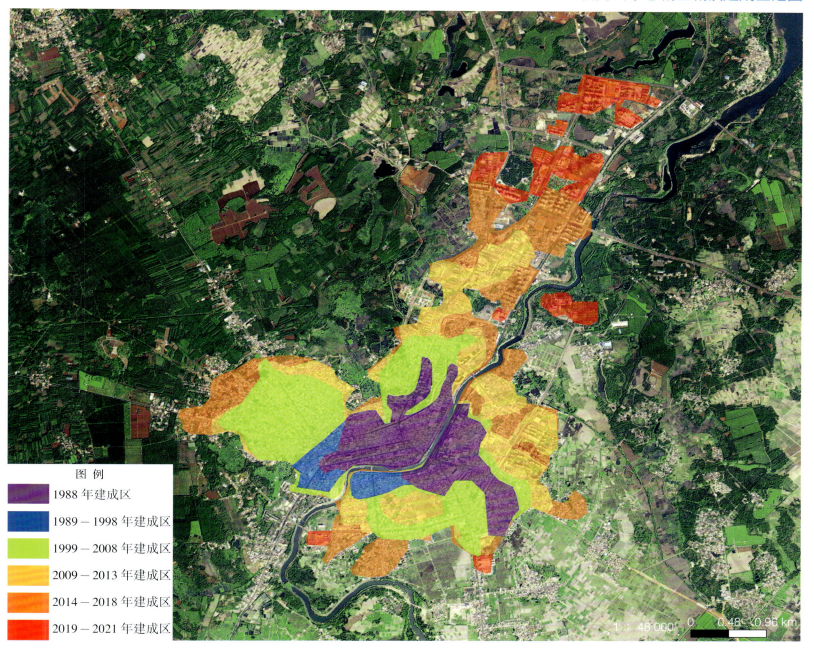

图 例

1988 年建成区
1989－1998 年建成区
1999－2008 年建成区
2009－2013 年建成区
2014－2018 年建成区
2019－2021 年建成区

1：48 000　　0　0.48　0.96 km

　　遥感监测结果显示，临高县城镇建成区主要沿文澜河以及省道 S106 和 S127 交汇处扩展。

　　1988 年至 2021 年，临高县城镇建成区面积从 8.63 km² 扩大到 35.55 km²，其中扩展速度最快的时期为 2009 年至 2013 年，年均扩展面积为 2.44 km²；其次为 1999 年至 2008 年，年均扩展面积为 0.62 km²；扩展速度最慢的时期为 2014 年至 2018 年，5 年间扩展总面积为 1.25 km²。

1988 年至 2021 年，临高县城镇常住人口从 4.05 万人上升到 21.23 万人，其中，1988 年至 2018 年，常住人口均在增长，增长速度最快为 2009 年至 2013 年，年均增长 0.36 万人；其次为 2014 年至 2018 年，年均增长 0.35 万人；增长速度最慢的为 1989 年至 1998 年，人口共增长 2.37 万人。临高县总常住人口呈现逐年上涨趋势，自 2011 年来，城镇常住人口大于城镇户籍人口，反映出临高县人口发展趋势为人口输入型为主。

临高县生产总值从 1988 年的 2.83 亿元增长到 2021 年的 222.91 亿元，增长了约 220 亿元，年均增加 6.67 亿元。第二、第三产业生产总值从 1988 年的 1.05 亿元增长到 2021 年的 84.29 亿元，其中 2019 年至 2021 年，生产总值年均增长 6.38 亿；2014 年至 2021 年，生产总值年均增长 6.06 亿元；生产总值增长最慢的是 1989 年至 1998 年，年均增长 0.20 亿元。

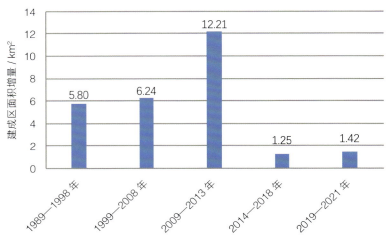

临高县城镇常住人口和城市户籍人口

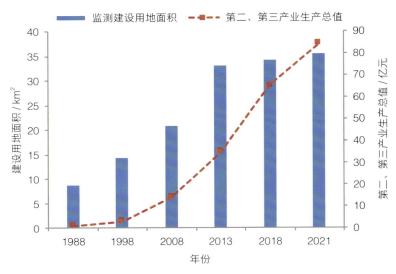

1988—2021 年临高县监测建设用地面积
和第二、第三产业生产总值

1989—2021 年临高县城镇建成区面积增量

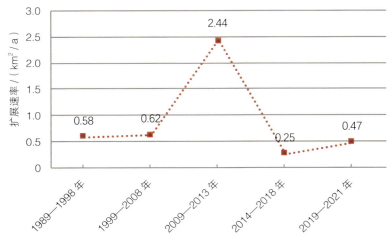

1989—2021 年临高县城镇建成区扩展速率

临高县中心城区遥感影像

2014 年临高县城澜江新城片区遥感影像

2021 年临高县城澜江新城片区遥感影像

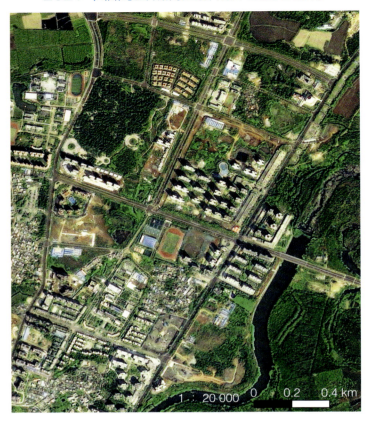

2014 年临高县金牌港经济开发区遥感影像

2021 年临高县金牌港经济开发区遥感影像

4.9　东方市城镇扩展遥感监测

2021 年东方市遥感影像

东方市依托大型深水天然良港八所港而建，是海南省三个滨海城市之一，被授予国家珍贵树种培育示范市（"花梨之乡"），环岛高速、环岛高铁、粤海铁路和 225 国道均穿城而过，是海南省最具发展潜力的地区之一。

东方市地处海南省西南部，位于环北部湾城市群内，历史悠久，资源富饶，基础厚实，后发优势凸显。东方市陆地面积 2 272 km²，海域面积 1 823 km²，地势东高西低，由东南向西北倾斜，东南部为山地和丘陵，西北部为平原和台地，气候属热带季风海洋性气候，日照充足，年平均气温 25 ℃。

2021 年，市域常住人口为 44.98 万人，城镇化率达到 58.38%，第二、第三产业生产总值为 158.26 亿元。

1 : 330 000　　0　3.3　6.6 km

东方市八所中心城镇建成区扩展（1988—2021年）

1 ： 230 000   0   2.3   4.6 km

东方市八所中心建成区范围

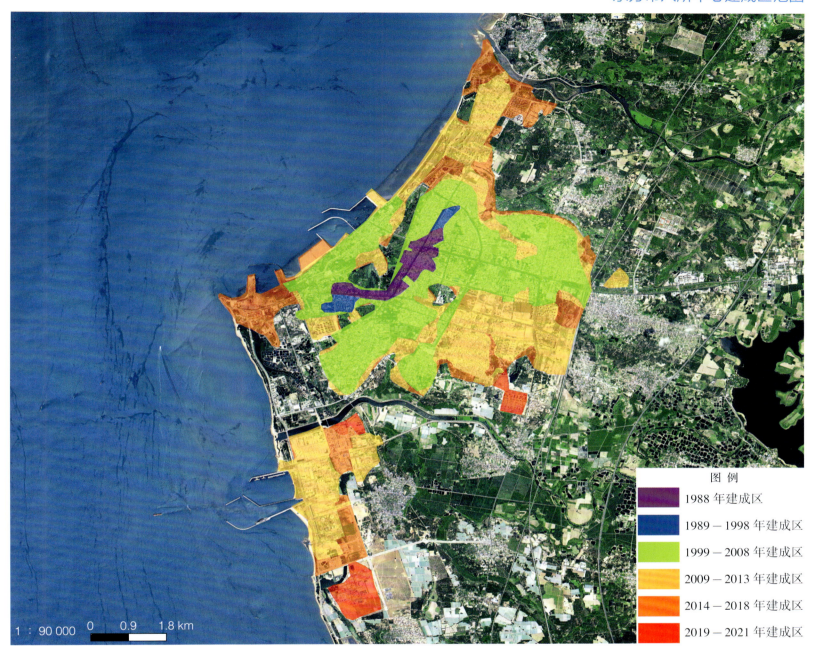

图 例
- 1988 年建成区
- 1989 — 1998 年建成区
- 1999 — 2008 年建成区
- 2009 — 2013 年建成区
- 2014 — 2018 年建成区
- 2019 — 2021 年建成区

1 : 90 000　0　0.9　1.8 km

　　遥感监测结果显示，东方市八所城镇建成区主要沿八所港向海域西线（G225 国道）、环岛高速和环岛高铁组成交通沿线扩展。

　　1988 年至 2021 年，东方市八所城镇建成区从 2.61 km² 扩大到 45.7 km²，其中扩展速度最快的时期为 2009 年至 2013 年，年均扩展面积为 3.62 km²；其次为 1999 年至 2008 年，年均扩展面积为 1.43 km²；扩展速度最慢的时期为 1989 年至 1998 年，10 年间扩展总面积为 2.51 km²。

1988 年至 2021 年，东方市城镇常住人口从 5.12 万人上升到 26.26 万人，其中，城镇常住人口从 2019 年的 20.94 万人急剧增长到 2020 年的 25.91 万人，其他年份均平稳增长。东方市常住人口呈现逐年上涨趋势，自 2011 年来，常住人口增长速度大大超过城镇户籍人口的增长速度，反映出东方市城市人口典型的输入型特征。

东方市生产总值从 1988 年的 2.95 亿元增长到 2021 年的 215.03 亿元，增长了约 212 亿元，年均增加 6.42 亿元。第二、第三产业生产总值从 1988 年的 1.29 亿元增长到 2021 年的 158.26 亿元，其中 2019 年至 2021 年，年均增长 8.43 亿；2014 年至 2018 年的 5 年，生产总值年均增长 9 亿元；第二、第三产业生产总值增长最慢的是 1989 年至 1998 年，年均增长 0.85 亿元。

东方市城镇常住人口和城镇户籍人口

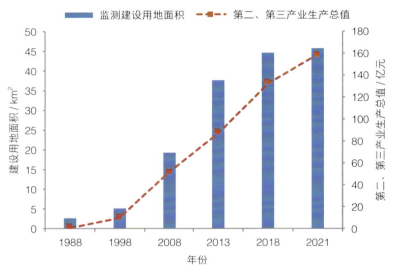

1988—2021 年东方市监测建设用地面积
和第二、第三产业生产总值

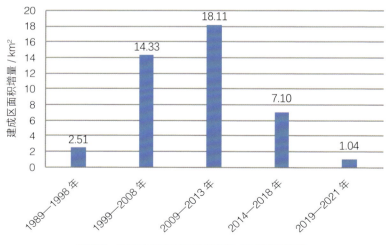

1989—2021 年东方市城镇建成区面积增量

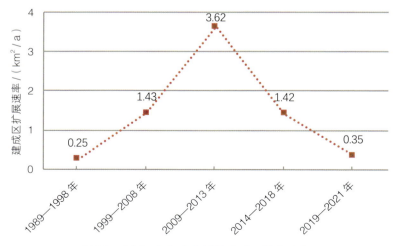

1989—2021 年东方市城镇建成区扩展速率

东方市八所中心城镇遥感影像

2015 年东方市八所中心城镇局部遥感影像

2021 年东方市八所中心城镇局部遥感影像

2015 年东方市临港产业区遥感影像

2021 年东方市临港产业区遥感影像

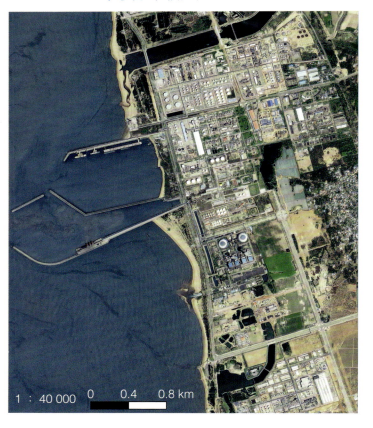

4.10　乐东黎族自治县城镇扩展遥感监测

　　乐东黎族自治县是海南省人口最多的少数民族自治县，是"国家卫生县城"和"省级园林县城"。

　　乐东黎族自治县位于海南岛西南部，东与东北与五指山市、白沙黎族自治县接壤，东南与三亚市交界，北与东方市、昌江黎族自治县毗邻，西南临南海，陆地面积 2 766.80 km²，海域面积 1 718.74 km²，海岸线 84.03 km，地势北高南低，背山面海，属热带季风气候，生态环境优美，空气质量常年排名海南省前三，森林覆盖率保持在 65% 以上。

　　2021 年，县域常住人口为 55.01 万人，城镇化率达到 31.64%，第二、第三产业生产总值为 79.54 亿元。

2021 年乐东黎族自治县遥感影像

N

1 ∶ 370 000　　0　　3.7　　7.4 km

乐东黎族自治县报由中心城区建设用地扩展（1988—2021年）

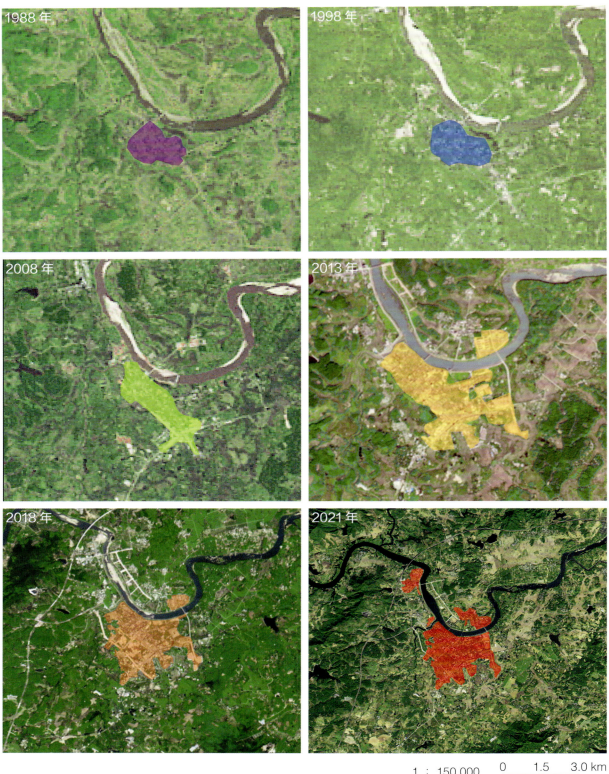

1988年　1998年　2008年　2013年　2018年　2021年

1 ∶ 150 000　　0　1.5　3.0 km

乐东黎族自治县报由中心城区城镇建成区范围

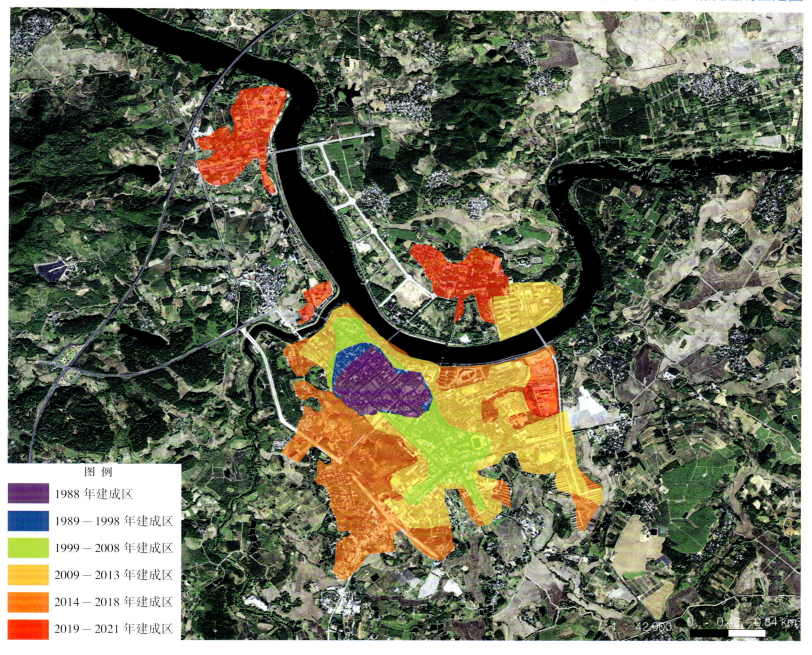

图 例

- 1988 年建成区
- 1989－1998 年建成区
- 1999－2008 年建成区
- 2009－2013 年建成区
- 2014－2018 年建成区
- 2019－2021 年建成区

　　遥感监测结果显示，乐东黎族自治县报由中心城区城镇建成区主要沿 S313 与 S314 省道交汇处沿线扩展。

　　1988 年至 2021 年，乐东黎族自治县报由中心城区城镇建成区从 3.05 km² 扩大到 41.2 km²，其中扩展速度最快的为 2009 年至 2013 年，年均扩展面积为 3.39 km²；其次为 2014 年至 2018 年，年均扩展面积为 1.78 km²；扩展速度最慢的时期为 1989 年至 1998 年，10 年间扩展总面积为 3.32 km²。

1988 年至 2021 年，乐东黎族自治县城镇常住人口从 3.58 万人上升到 14.85 万人，其中，城镇户籍人口自 1988 年至 2011 年一直呈现缓慢增长趋势，2011 年开始呈减少趋势；2011 年至 2019 年城镇常住人口逐年上升，但从 2019 年开始，城镇常住人口开始减少，从 19.19 万人减少到 2020 年的 14.56 万人。2014 年后常住人口始终多于户籍人口，反映出乐东黎族自治县人口发展趋势为户籍人口外迁和外部人口迁入特征，但近两年，外部人口迁入变少。

乐东黎族自治县生产总值也从 1988 年的 3.73 亿元增长到 2021 年的 174.25 亿元，增长了约 171 亿元，年均增加 5.18 亿元。第二、第三产业生产总值从 1988 年的 1.47 亿元增长到 2021 年的 79.54 亿元，其中 2019 年至 2021 年，生产总值年均增长 8.46 亿；2014 年至 2018 年，生产总值年均增长 4.21 亿元，生产总值增长最慢的是 1989 年至 1998 年，年均增长 0.39 亿元。

乐东黎族自治县城镇常住人口和城镇户籍人口

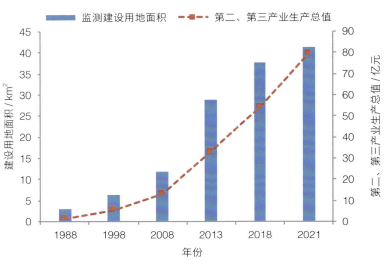

1988—2021 年乐东黎族自治县监测建设用地面积和第二、第三产业生产总值

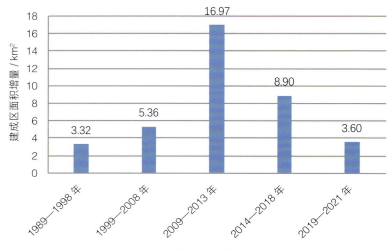

1989—2021 年乐东黎族自治县城镇建成区面积增量

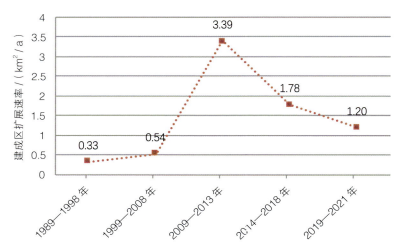

1989—2021 年乐东黎族自治县城镇建成区扩展速率

2013 年乐东黎族自治县报由中心城区
文化中心区域影像

2021 年乐东黎族自治县报由中心城区
文化中心区域影像

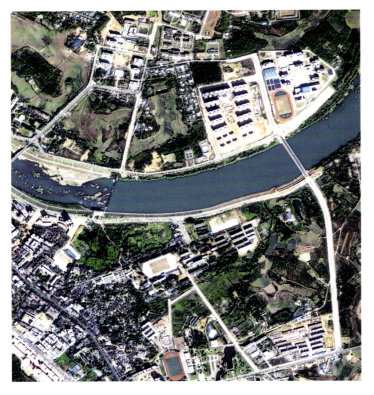

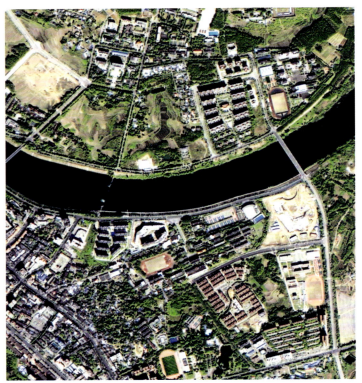

1 ： 20 000   0   0.2   0.4 km

2015 年乐东黎族自治县九所中心城区影像

2021 年乐东黎族自治县九所中心城区影像

1 ： 20 000   0   0.2   0.4 km

4.11　琼中黎族苗族自治县城镇扩展遥感监测

2021 年琼中黎族苗族自治县遥感影像

琼中黎族苗族自治县位于海南岛中部，有着独特的地理环境和气候条件，是热带雨林和亚热带季风气候的交汇地带，全县总面积 2 705.17 km²，地形西南高、东北低，地势自西南向东北倾斜，地貌呈穹窿形，由高山、低山、丘陵、台地河道和阶地等构成层圈关地貌，土壤类型多样，土深厚肥沃，植物资源种类众多，林产资源丰富。

2021 年，市域常住人口为 18.12 万人，城镇化率达到 30.96%，第二、第三产业生产总值为 44.27 亿元。

1 ∶ 380 000　　0　3.8　7.6 km

琼中黎族苗族自治县中心城区建设用地扩展（1988—2021年）

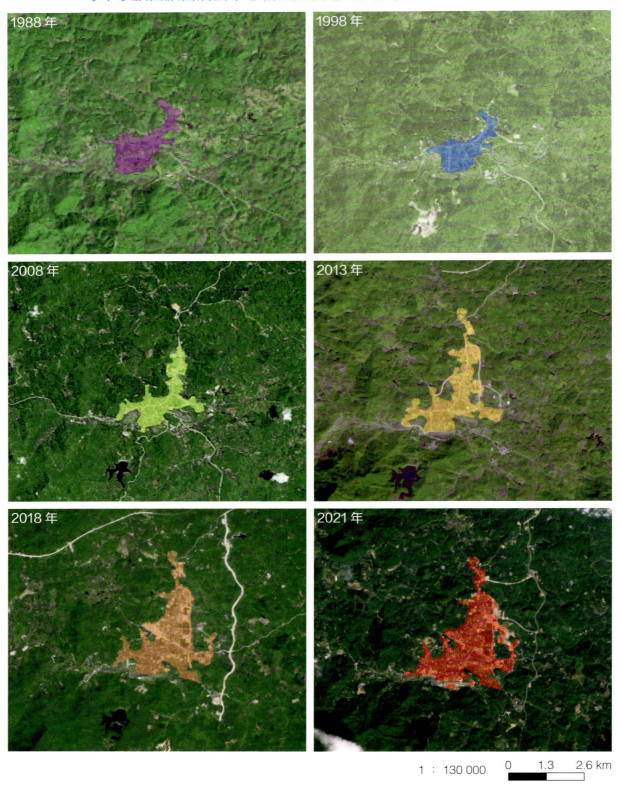

1 : 130 000

琼中黎族苗族自治县中心城区城镇建成区范围

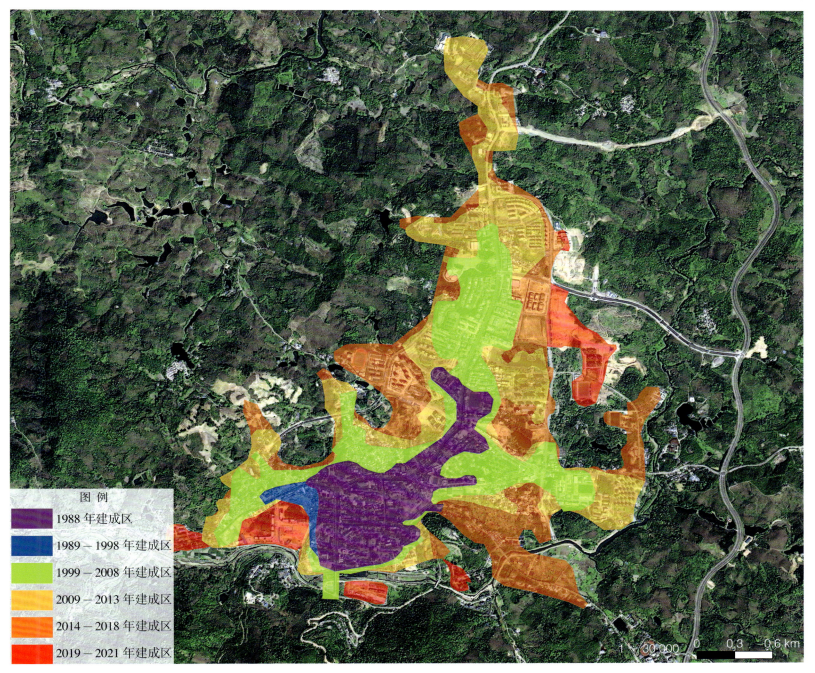

图 例
- 1988 年建成区
- 1989－1998 年建成区
- 1999－2008 年建成区
- 2009－2013 年建成区
- 2014－2018 年建成区
- 2019－2021 年建成区

1 : 30 000　　0　　0.3　　0.6 km

　　遥感监测结果显示，琼中黎族苗族自治县中心城区城镇建成区主要沿 S304 省道及 G224 国道沿线扩展。

　　1988 年至 2021 年，琼中黎族苗族自治县中心城区城镇建成区面积从 2.18 km² 扩大到 11.38 km²，其中扩展速度最快的时期为 2014 年至 2018 年，年均扩展面积为 0.54 km²；其次为 2009 年至 2013 年，年均扩展面积为 0.53 km²；扩展速度最慢的时期为 1989 年至 1998 年，10 年间扩展总面积为 0.36 km²。

1988 年至 2021 年，琼中黎族苗族自治县常住人口从 1.85 万人上升到 5.61 万人，其中，2011 年至 2019 年城镇常住人口逐年上升，2019 年，城镇常住人口开始急剧减少，从 2019 年的 7.71 万人减少到 2020 年的 5.5 万人；1988 年至 2015 年城镇户籍人口一直呈现缓慢增长趋势，2015 年出现断崖式下降，城镇户籍人口从 2015 年的 11.39 万人减少到 2016 年的 6.15 万人；2011 年至 2015 年，琼中黎族苗族自治县城镇户籍人口远远超过城镇常住人口，反映出其城镇户籍人口外迁的特点；2016 年至 2019 年，城镇常住人口多于城镇

户籍人口，反映出其城镇人口迁入的特点；2020 年至 2021 年，城镇户籍人口多于城镇常住人口，反映出琼中黎族苗族自治县人口发展趋势为少量人口迁出的特征。

琼中黎族苗族自治县生产总值从 1988 年的 2.11 亿元增长到 2021 年的 66.32 亿元，增长了约 64 亿元，年均增加 1.94 亿元。第二、第三产业生产总值从 1988 年的 0.69 亿元增长到 2021 年的 44.27 亿元，其中 2019 年至 2021 年的 3 年，生产总值年均增长 4.51 亿；2014 年至 2018 年的 5 年，生产总值年均增长 2.65 亿元，生产总值增长最慢的是 1989 年至 1998 年，年均增长 0.12 亿元。

琼中黎族苗族自治县城镇常住人口和城镇户籍人口

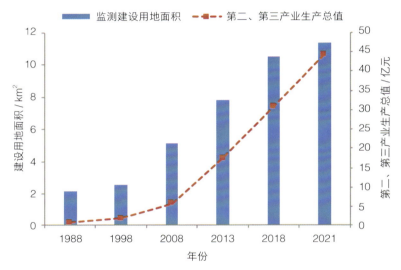

1988—2021 年琼中黎族苗族自治县监测建设用地面积
和第二、第三产业生产总值

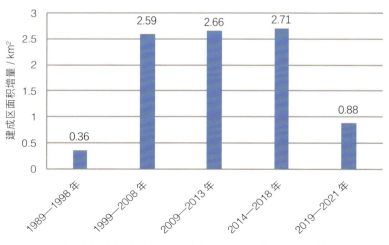

1989—2021 年琼中黎族苗族自治县城镇建成区面积增量

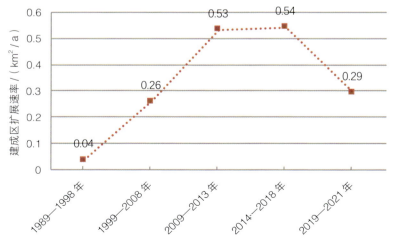

1989—2021 年琼中黎族苗族自治县城镇建成区扩展速率

2021 年琼中黎族苗族自治县中心城区遥感影像

1 : 20 000
0   0.2   0.4 km

2015 年琼中黎族苗族自治县中心城区
三月三广场区域影像

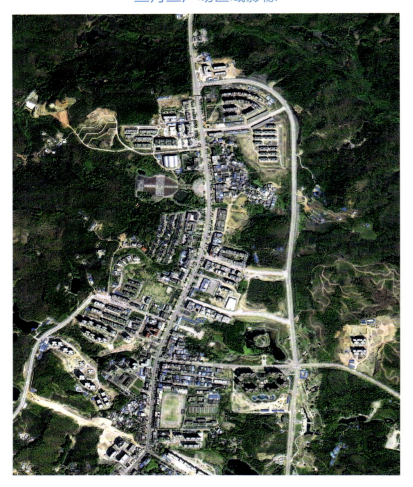

2021 年琼中黎族苗族自治县中心城区
三月三广场区域影像

1 ： 18 000　　0　　0.18　　0.36 km

4.12 保亭黎族苗族自治县城镇扩展遥感监测

保亭黎族苗族自治县位于海南岛中部五指山南麓，东接陵水县，南邻三亚市，西连三亚市和乐东县，北依五指山市及琼中县，陆域总面积 1 153.83 km²。保亭黎族苗族自治县属热带季风气候，具有热量丰富、雨量充沛、蒸发量大、季风变化明显的特点。

2021 年，县域常住人口为 15.73 万人，城镇化率达到 35.28%，第二、第三产业生产总值为 40.76 亿元。

2021 年保亭黎族苗族自治县遥感影像

N

1 : 260 000   0   2.6   5.2 km

保亭黎族苗族自治县中心城区建成区扩展（1988—2021年）

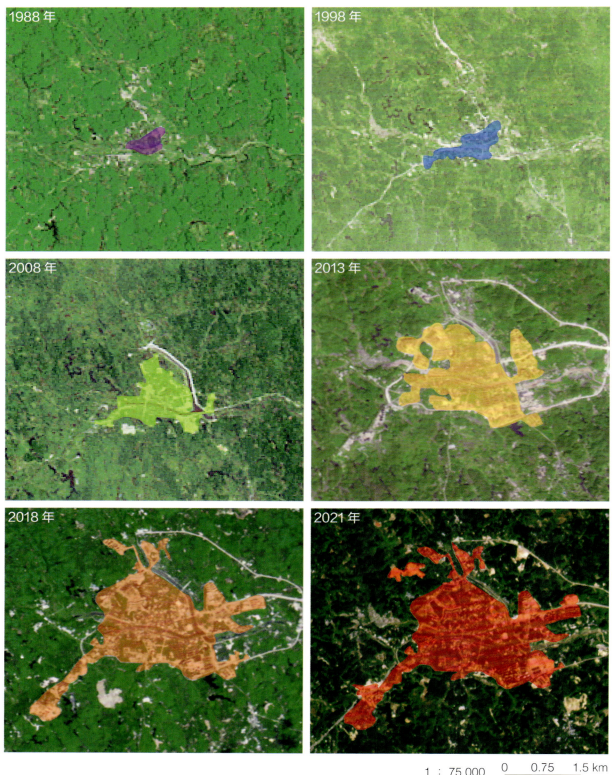

1 : 75 000

0 0.75 1.5 km

保亭黎族苗族自治县中心城区建成区范围

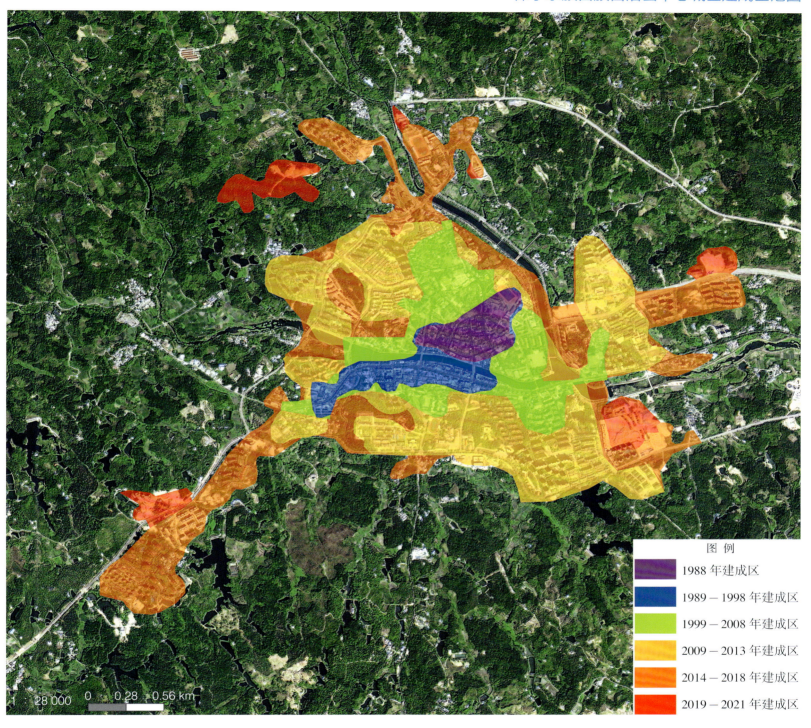

图 例

- 1988 年建成区
- 1989 – 1998 年建成区
- 1999 – 2008 年建成区
- 2009 – 2013 年建成区
- 2014 – 2018 年建成区
- 2019 – 2021 年建成区

1 : 28 000　　0　0.28　0.56 km

　　遥感监测结果显示，保亭黎族苗族自治县中心城区城镇建成区主要沿陵水河及 S305 省道沿线扩展。

　　1988 年至 2021 年，保亭黎族苗族自治县城镇建成区面积从 1.24 km² 扩大到 11.13 km²，其中扩展速度最快的为 2009 年至 2013 年，年均扩展面积为 1.15 km²；其次为 2019 年至 2021 年，年均扩展面积为 0.52 km²；扩展速度最慢的时期为 1989 年至 1998 年，10 年间扩展总面积为 0.64 km²。

　　1988 年至 2021 年，保亭黎族苗族自治县城镇常住人口从 1.33 万人上升到 5.55 万人，其中，2011 年至 2019 年城镇常住人口逐年上升，2020 年，城镇常住人口开始减少，从 2019 年的 6.28 万人减少到 2020 年的 5.43 万人；2015 年城镇户籍人口出现断崖式下降，城镇户籍人口从 2014 年的 7.98 万人减少到 2015 年的 5.76 万人；2011 年至 2014 年，保亭黎族苗族自治县城镇户籍人口远远超过城镇常住人口，反映出其城镇常住人口外迁的特点；2016 年至 2019 年，城镇常住人口多于城镇户籍人口，反映出其城镇常住人口迁入的特点；

2020 年至 2021 年，城镇户籍人口多于城镇常住人口，反映出保亭黎族苗族自治县人口发展趋势为少量人口迁出的特征。

　　保亭黎族苗族自治县生产总值从 1988 年的 1.61 亿元增长到 2021 年的 63.16 亿元，增长了约 61.55 亿元，年均增加 1.87 亿元。第二、第三产业生产总值从 1988 年的 0.48 亿元增长到 2021 年的 40.76 亿元，其中 2009 年至 2013 年，生产总值年均增长 2.64 亿；2014 年至 2018 年的 5 年，生产总值年均增长 2.28 亿元；生产总值增长最慢的是 1989 年至 1998 年，年均增长 0.12 亿元。

保亭黎族苗族自治县城镇常住人口和城镇户籍人口

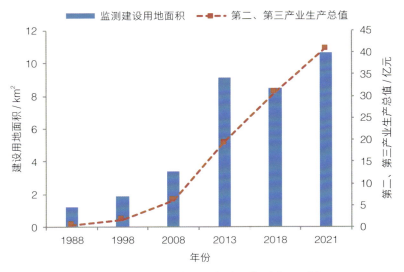

1988—2021 年保亭黎族苗族自治县监测建设用地面积
和第二、第三产业生产总值

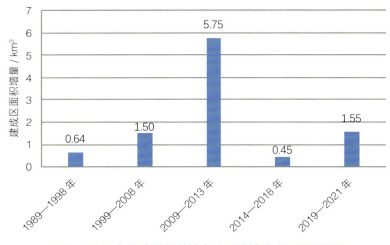

1989—2021 年保亭黎族苗族自治县城镇建成区面积增量

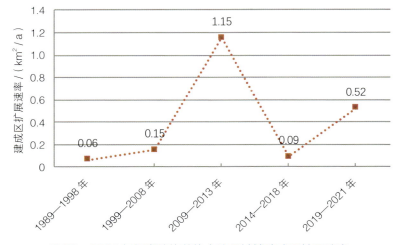

1989—2021 年保亭黎族苗族自治县城镇建成区扩展速率

2021 年保亭黎族苗族自治县保城镇遥感影像

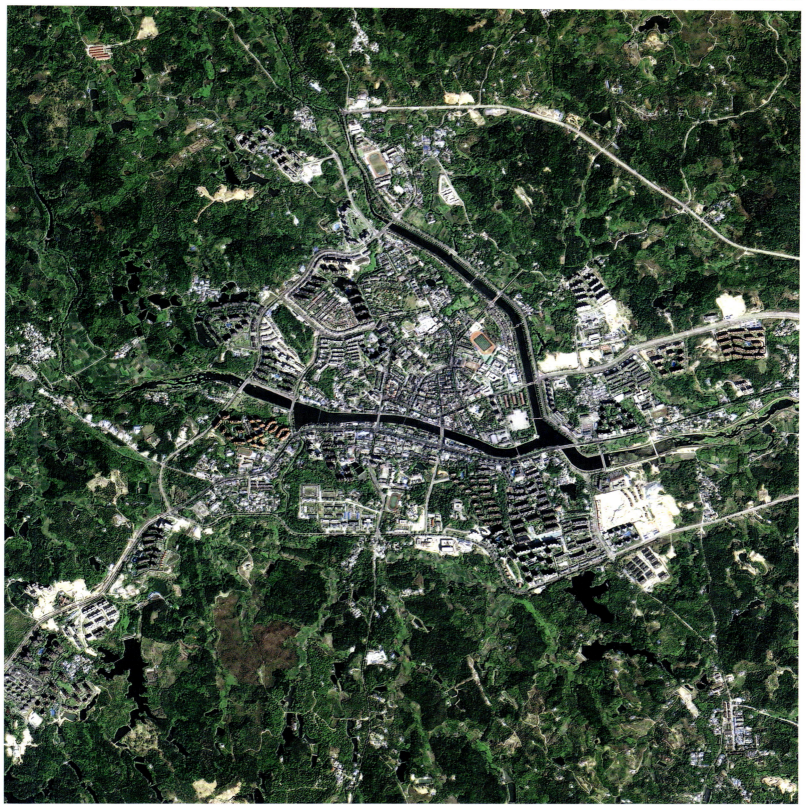

1 : 24 000

0　0.24　0.48 km

2015 年保亭黎族苗族自治县保城镇局部影像

2021 年保亭黎族苗族自治县保城镇局部影像

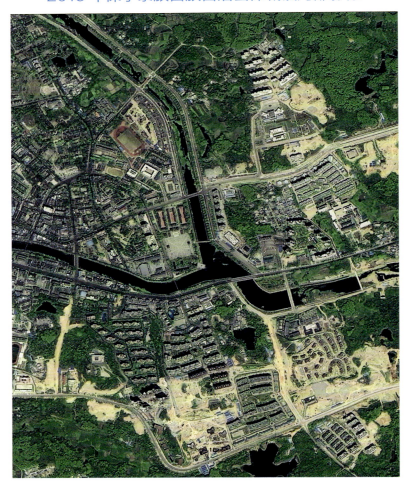

1 : 18 000　　0　0.18　0.36 km

4.13　陵水黎族自治县城镇扩展遥感监测

陵水黎族自治县（简称陵水县）的水资源、海洋资源和土地资源都十分丰富，素有"鱼米之乡"之誉，近年围绕"两地、两区"总体定位，打造"滨海旅游与科教融合新高地、黎丹文化风情生态宜居地"与"国家现代农业科技创新引领区、国家海洋经济创新发展示范区"。

陵水县位于海南岛东南部，东北与万宁市交界，西南与三亚市毗邻，西至西北与保亭黎族苗族自治县和琼中黎族苗族自治县接壤，东南濒临南海。全县陆地面积 1 107.3 km²，近岸海域面积 1 905.38 km²，海岸线长度 118.57 km。陵水县境内地势西北高、东南低，自西北向东南倾斜，西北部为山区，中部为丘陵区，东南部为平原区，属热带季风海洋性气候。

2021 年，县域常住人口为 37.6 万人，城镇化率达到 43.24%，第二、第三产业的生产总值为 165.75 亿元。

2021 年陵水黎族自治县遥感影像

N

1 : 260 000

0　2.6　5.2 km

陵水黎族自治县建设用地扩展（1988—2021年）

1988 年

1998 年

2008 年

2013 年

2018 年

2021 年

1：470 000   0   4.7   9.4 km

遥感监测结果显示，陵水黎族自治县城镇建成区以椰林镇和三才镇为中心，沿陵水河及 G98 国道沿线扩展，同时建成区沿英州湾及清水湾扩展新的建成区，形成城市副中心。

1988 年至 2021 年，陵水黎族自治县建成区面积从 2.04 km² 扩大到 62.49 km²，其中扩展速度最快的为 2009 年至 2013 年，年均扩展面积为 7.38 km²；其次为 2019 年至 2021 年，年均扩展面积为 4.26 km²；扩展速度最慢的为 1989 年至 1998 年，10 年间扩展总面积为 0.98 km²。

陵水黎族自治县城镇建成区范围

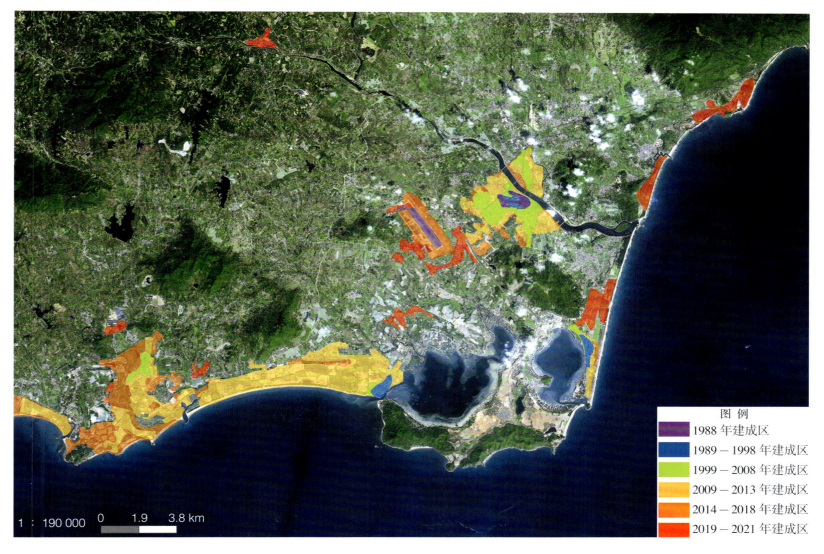

1 : 190 000   0   1.9   3.8 km

图 例
- 1988 年建成区
- 1989 — 1998 年建成区
- 1999 — 2008 年建成区
- 2009 — 2013 年建成区
- 2014 — 2018 年建成区
- 2019 — 2021 年建成区

　　1988 年至 2021 年，陵水黎族自治县城镇常住人口从 3.38 万人上升到 16.26 万人，其中，城镇户籍人口自 1988 年至 2021 年大致呈现缓慢增长趋势，2015 年城镇户籍人口减少，从 2014 年的 9.82 万人减少到 2015 年度的 8.17 万人；2011 年至 2021 年城镇常住人口逐年上升。陵水黎族自治县常住人口以稳定的趋势逐年上升，常住人口数量始终大于户籍人口，反映出陵水黎族自治县少量外部人口迁入的特征。

　　陵水黎族自治县生产总值也从 1988 年的 2.31 亿元增长到 2021 年的 223.39 亿元，增长了约 221 亿元，年均增加 6.70 亿元。第二、第三产业生产总值从 1988 年的 0.69 亿元增长到 2021 年的 165.75 亿元，其中 2019 年至 2021 年的 3 年，生产总值年均增长 17.52 亿；2009 年至 2013 年的 5 年，生产总值年均增长 10.86 亿元；生产总值增长最慢的是 1989 年至 1998 年，年均增长 0.33 亿元。

陵水黎族自治县城镇常住人口和城镇户籍人口

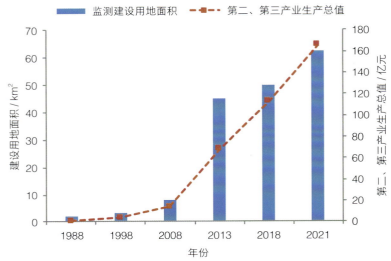

1988—2021 年陵水黎族自治县监测建设用地面积
和第二、第三产业生产总值

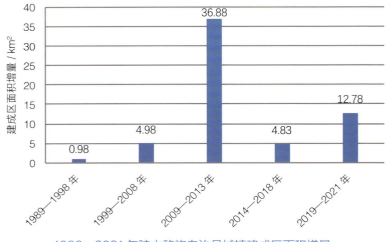

1989—2021 年陵水黎族自治县城镇建成区面积增量

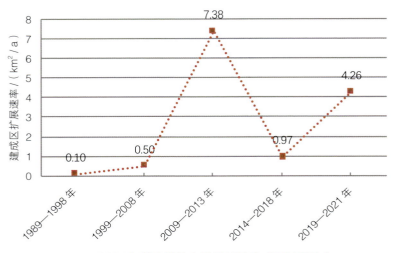

1989—2021 年陵水黎族自治县城镇建成区扩展速率

2021 年陵水黎族自治县遥感影像

1 : 150 000　　0　　1.5　　3.0 km

陵水黎族自治县城市副中心（英州及清水湾）遥感影像

1 ： 93 000   0   0.93   1.86 km

2017 年陵水黎族自治县黎安国际教育
创新试验区遥感影像

2021 年陵水黎族自治县黎安国际教育
创新试验区遥感影像

1 : 19 000　　0　0.19　0.38 km

陵水黎族自治县清水湾旅游区遥感影像

2017 年清水湾

2021 年清水湾

1：34 000　0　0.34　0.68 km

4.14　白沙黎族自治县城镇扩展遥感监测

2021 年白沙黎族自治县遥感影像

白沙黎族自治县位于海南岛中部偏西，东与琼中县为依，东南与五指山市交界，南与乐东县相连，西与昌江县接壤，北与儋州市毗邻，总面积 2 117.27 km²。白沙黎族自治县坐落在黎母山脉中段西北麓、南渡江上游，地处五指山腹地，地势陡峻，东南高，西北低，境内地形由山地、盆地、丘陵和台地构成。白沙黎族自治县境内属热带季风性气候，日照长，光热充足，具有热带山区气候特征。

2021 年，县域常住人口为 16.43 万人，城镇化率达到 20.02%，第二、第三产业生产总值为 37.28 亿元。

1：340 000　0　3.4　6.8 km

白沙黎族自治县中心城区建设用地扩展（1988—2021 年）

1 : 80 000

白沙黎族自治县中心城区城镇建成区范围

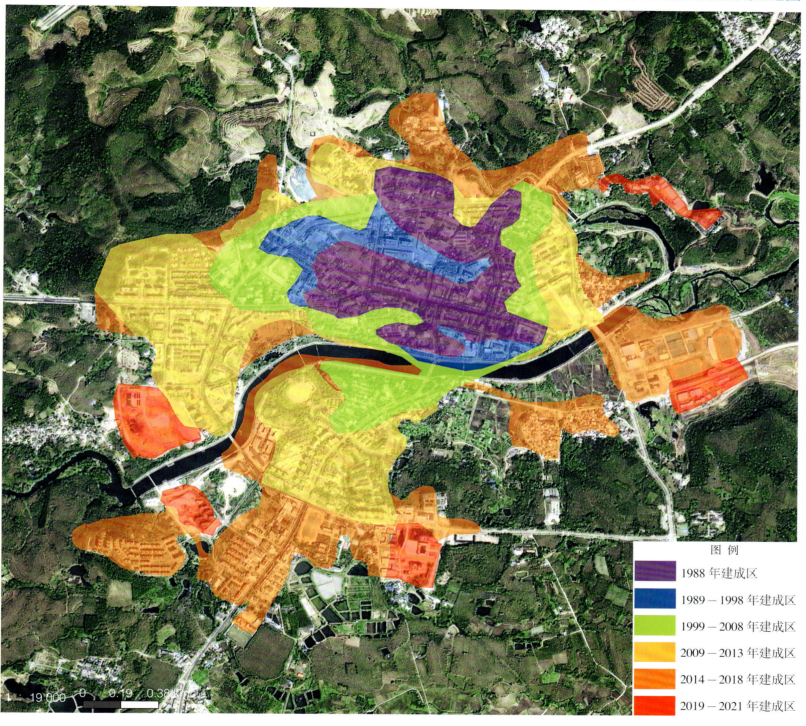

图 例

1988 年建成区
1989－1998 年建成区
1999－2008 年建成区
2009－2013 年建成区
2014－2018 年建成区
2019－2021 年建成区

　　遥感监测结果显示，白沙黎族自治县中心城区建成区主要沿南叉河及 S310 国道沿线扩展。

　　1988 年至 2021 年，白沙黎族自治县建成区面积从 1.93 km² 扩大到 10.71 km²，其中扩展速度最快的为 2019 年至 2021 年，年均扩展面积为 0.79 km²；其次为 2014 年至 2018 年，年均扩展面积为 0.54 km²；扩展速度最慢的时期为 1989 年至 1998 年，10 年间扩展总面积为 1.41 km²。

1988 年至 2021 年，白沙黎族自治县城镇常住人口从 1.21 万人上升到 3.29 万人，其中，城镇户籍人口在 2016 年呈现断崖式下降，2016 年户籍人口减少，城镇户籍人口从 2015 年的 8.30 万人减少到 2016 年的 4.57 万人；2011 年至 2019 年城镇常住人口逐年上升，2020 年城镇常住人口急剧减少，从 2019 年的 6.65 万人减少到 2020 年的 3.25 万人。

2016 年之前城镇常住人口少于城镇户籍人口，反映出白沙黎族自治县人口发展趋势为人口迁出的特点；2016 年至 2019 年，城镇常住人口多于城镇户籍人口，反映出白沙黎族自治县人口发展趋势为大量外部人口迁入特征；2020 年至 2021 年城

市户籍人口多于城镇常住人口，反映出其城镇常住人口迁出的特征。

白沙黎族自治县生产总值从 1983 年的 2.19 亿元增长到 2021 年的 62.57 亿元，增长了约 60.38 亿元，年均增加 1.83 亿元。第二、第三产业生产总值从 1988 年的 0.54 亿元增长到 2021 年的 37.28 亿元，其中 2019 年至 2021 年的 3 年，生产总值年均增长 2.65 亿；2009 年至 2013 年，生产总值年均增长 2.37 亿元；生产总值增长最慢的是 1989 年至 1998 年，年均增长 0.13 亿元。

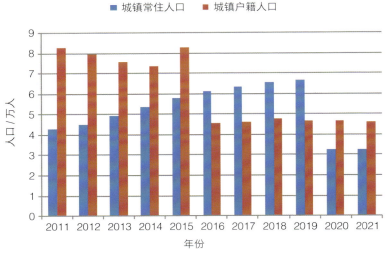

白沙黎族自治县城镇常住人口和城镇户籍人口

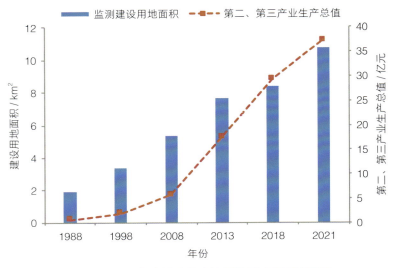

1988—2021 年白沙黎族自治县监测建设用地面积和第二、第三产业生产总值

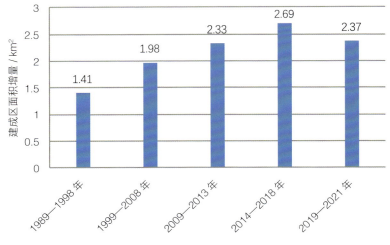

1989—2021 年白沙黎族自治县城镇建成区面积增量

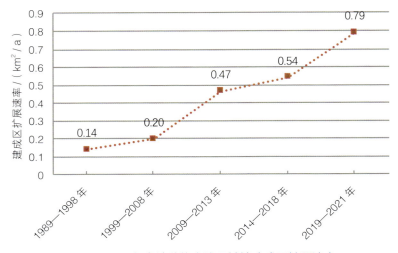

1989—2021 年白沙黎族自治县城镇建成区扩展速率

白沙黎族自治县中心城区遥感影像

2015 年白沙黎族自治县白沙奥运村遥感影像

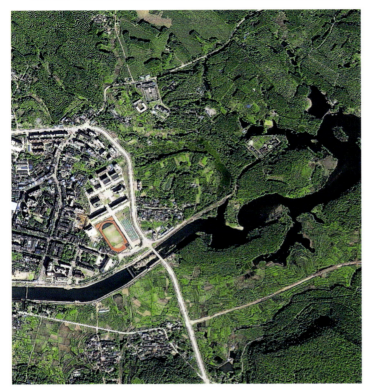

2021 年白沙黎族自治县白沙奥运村遥感影像

1 : 20 000

0　0.2　0.4 km

2015 年白沙黎族自治县邦溪镇影像

2021 年白沙黎族自治县邦溪镇影像

1 : 38 000

0　0.38　0.76 km

4.15　昌江黎族自治县城镇扩展遥感监测

2021 年昌江黎族自治县遥感影像

　　昌江黎族自治县位于环北部湾城市群内，地处海南岛西部，陆地面积 1 621.12 km²，处海口市与三亚市的中点，东与白沙黎族自治县毗邻，南与乐东黎族自治县接壤，西南与东方市以昌化江为界对峙相望，西北濒临北部湾，东北部隔珠碧江同儋州市相连。

　　昌江黎族自治县地处五指山余脉的西北侧，地势为东南高、西北低，自西北向东南由平原阶地—台地—丘陵—山地逐级上升。昌江黎族自治县属典型的热带季风气候，土地肥沃，光照和水分充足，全县空气优良率达 100%，森林、海洋、河流和湿地等资源要素兼具，拥有 11.56 万 hm² 森林，森林覆盖率达 64.16%。

　　2021 年，县域常住人口为 23.41 万人，城镇化率达到 61.13%，第二、第三产业的生产总值为 106.49 亿元。

1 : 340 000　　0　　3.4　　6.8 km

昌江黎族自治县石碌城区城镇建城区扩展（1988—2021 年）

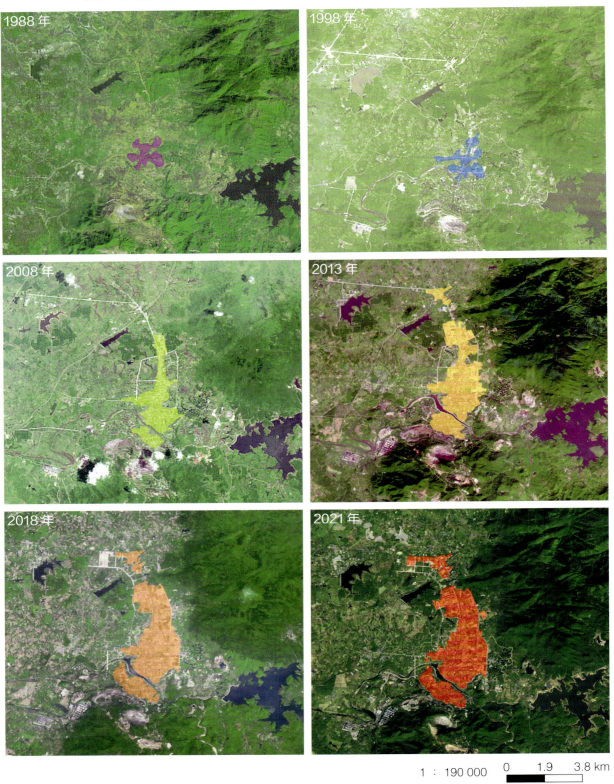

1 ： 190 000　　0　　1.9　　3.8 km

昌江黎族自治县石碌城区城镇建成区范围

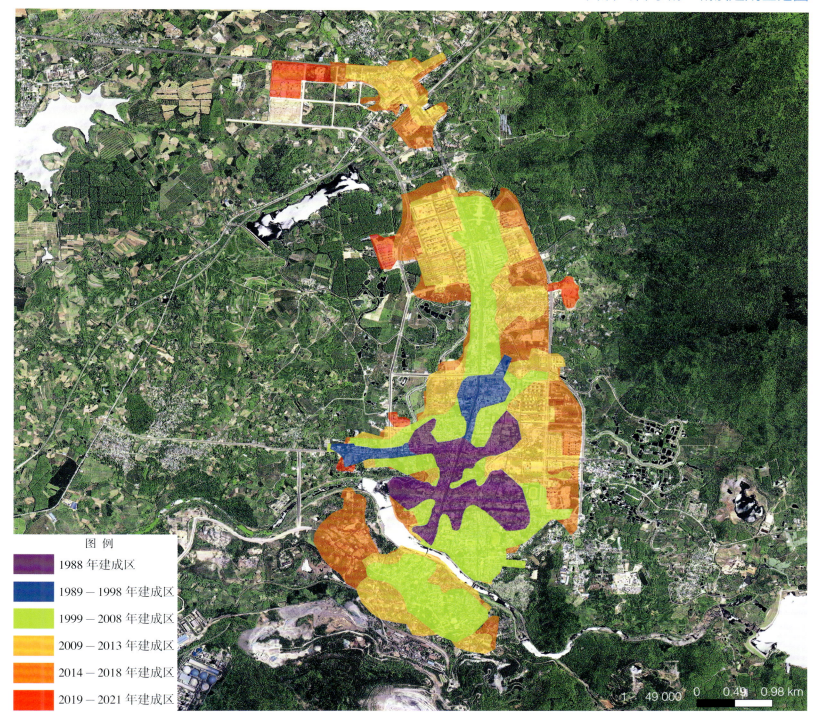

图 例

1988 年建成区

1989 — 1998 年建成区

1999 — 2008 年建成区

2009 — 2013 年建成区

2014 — 2018 年建成区

2019 — 2021 年建成区

1：49 000　0　0.49　0.98 km

　　遥感监测结果显示，昌江黎族自治县中心城区城镇建成区沿陵水河及 S305 省道沿线扩展。

　　1988 年至 2021 年，昌江黎族自治县建成区面积从 3.54 km² 扩大到 21.54 km²，其中扩展速度最快的为 2009 年至 2013 年，年均扩展面积为 1.63 km²；其次为 2014 年至 2018 年，年均扩展面积为 0.63 km²；扩展速度最慢的为 1989 年至 1998 年，10 年间扩展总面积为 1.44 km²。

1988 年至 2021 年，昌江黎族自治县常住人口从 5.46 万人上升到 14.31 万人，其中城镇户籍人口自 1988 年至 2021 年大致呈现缓慢增长趋势；2011 年至 2021 年城镇常住人口逐年上升。昌江黎族自治县常住人口逐年上升，常住人口多于户籍人口，反映昌江黎族自治县人口发展趋势为少量外部人口迁入特征。

昌江黎族自治县生产总值从 1988 年的 2.96 亿元增长到 2021 年的 143.74 亿元，增长了约 141 亿元，年均增加 4.27 亿元。第二、第三产业生产总值从 1988 年的 1.95 亿元增长到 2021 年的 106.49 亿元，其中 2009 年至 2013 年，生产总值年均增长 7.80 亿元；2014 年至 2018 年，生产总值年均增长 4.82 亿元，2019 年至 2021 年的 3 年，生产总值年均增长 3.90 亿元；生产总值增长最慢的是 1989 年至 1998 年，年均增长 0.57 亿元。

昌江黎族自治县城镇常住人口和城镇户籍人口

1988—2021 年昌江黎族自治县监测建设用地面积
和第二、第三产业生产总值

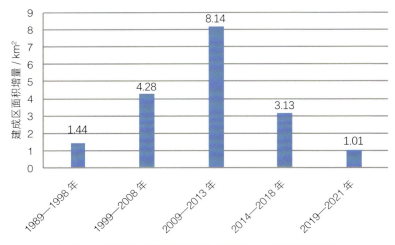

1989—2021 年昌江黎族自治县城镇建成区面积增量

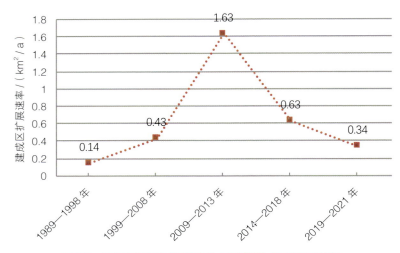

1989—2021 年昌江黎族自治县城镇建成区扩展速率

昌江黎族自治县石碌城区遥感影像

1：49 000　0　0.49　0.98 km

2015 年昌江黎族自治县石碌城区遥感影像

2021 年昌江黎族自治县石碌城区遥感影像

1 ： 19 000   0   0.19   0.38 km

海南岛城镇扩展遥感监测总结
（1988—2021 年）

　　基于卫星遥感监测方法，完成了海南岛全岛和 18 个市、县的城镇扩展监测，构建了海南岛从 1988 年建省以来超过 30 年的城镇建成区状况，系统反映了城镇建设用地的扩展特点。由于这 18 个市、县的发展历史不同，在城镇功能、所处地理位置、社会经济发展水平、城镇人口数量等方面均存在显著差异，使得相应的城镇扩展速度、扩展的空间方位、扩展特点的时间差异等均有不同。

1. 城镇建成区扩展面积变化

　　至 2021 年，海南岛各市、县城镇建成区面积均随着社会经济的发展表现出明显变化，不同程度地增加了城镇建成区面积，城镇建设规模显著增大。实施遥感监测的 18 个市、县的城镇建成区面积合计达到 1 024 km²，较 1988 年扩大了约 11 倍。海南岛城镇建成区扩展主要集中在海口市、三亚市和儋州市，万宁市、澄迈市和陵水市紧随其后，文昌市、琼海市也不断扩展，33 年间扩展面积均在 40 km² 以上。海南岛 18 个市、县整体的城镇建设规模分布较为分散，海口、三亚、儋州、琼海作为海南岛城镇群的四个中心城市，中心城市城镇扩展面积较大，其他市、县扩展面积相对有限。

2. 城镇建成区扩展的过程特点

　　1988 年，海南建省，城镇建成区扩展主要集中在省会城市海口市。

　　1999 年至 2008 年期间，海南岛实施建经济特区发展战略，城市扩展呈现明显阶梯状发展。在持续发展海口市的同时，大力推动三亚市发展，呈现一南一北两个城市协同发展战略。伴随区域协调发展的政策导向，洋浦经济开发区的成立，发展儋州洋浦一体化，儋州的城市扩展面积也快速增长。

　　2009 年至 2013 年期间，随着海南国际旅游岛战略实施，海南岛进入大开发时代，5 年城镇扩展面积总量超过 1988 年建省 20 年扩展面积总量。

　　2014 年至 2018 年期间，海南提出加快建设"经济繁荣、社会文明、生态宜居、人民幸福"的美好新海南，海南岛土地城镇化逐渐放缓，城镇建成区面积增长变慢。

　　2019 年至 2021 年期间，随着中国特色自由贸易港建设的推进，在经济转型升级中，优化产业结构，降低房地产对税收的贡献，产业结构从过去的以房地产为主向旅游业、现代服务业、高新技术产业为主迈进，城镇建成区扩展速度明显变缓。

3. 海南岛城镇建成区扩展的地域差异

　　海南岛城镇建成区扩展主要集中在海口市、三亚市及儋州市，随着海南国际旅游岛战略的实施及经济转型，陵水市、琼海市和万宁市建成区扩展规模也不断增大。

　　海南岛的城镇建成区扩展主要以海口市和三亚市为南北两极核心，以文昌市和万宁市为主的东线以及以儋州市、澄迈县为主的西线为发展轴。城市扩张较快的区域，主要位于拥有富足海洋资源和悠久社会条件的岛屿边缘，而位于海南中部地带的城市城镇建成区的扩展明显较慢。海南东部区域的城市扩展主要以海岸线为依托，紧紧环绕东环高速铁路和东线高速公路，科学合理地利用海湾及沿线的土地资源，把沿海部分海湾建成国际化休闲度假社区。海南南部区域以三亚为主，依托三亚热带海滨风景名胜区，沿海区域建设了一批大型国际化旅游休闲度假区。海南中部城市，贯彻"保护优先、适度开发、点状发展"的基本建设思路，以生态建设和环境保护为首要任务，城镇扩展速度较慢。

4. 海南岛城镇建成区扩展的影响因素

　　海南岛城镇建成区面积增长趋势明显，城镇建成区的扩展过程具有显著的时间特点、地域特点。影响海南岛城镇建成区扩张的影响因素较多，其原因主要为自然地理区位、经济发展、人口增长、政策因素等。自然地理因素是影响海南岛城镇建成区扩展的基础性条件，经济发展与人口增长是驱动海南岛城镇建成区扩张的内在关键因素，而政策规划则对海南岛城镇建成区扩张产生重要引导作用。

　　海南岛城镇建成区的扩展速度呈现"四周快、中间慢"的特点，沿海发展较快；而处于内陆的山区，由于受自然因素的限制，城市扩展相对缓慢。海南岛的自然地理因素是制约城镇扩展的主要制约因素，海口、三亚核心城市的城镇快速发展主要得益于自然地理区位的优势，但是随着时间推移，海南岛的城镇建成区的扩展正在逐渐摆脱自然地理属性的影响。

结合统计数据，海南岛各市、县城镇建成区扩展与经济发展均呈现较强的正相关性。建成区的增加主要集中在沿海城市，海南岛的经济产业结构从建省初期的第一产业占较大的比重转变为现在的第三产业比重增大，并且逐年增加；第三产业的增加促进了城镇人口的增加，进而加快城镇建成区的扩展。城镇扩展与城镇常住人口城镇化率呈现同步增长趋势。海口市、三亚市、儋州市、文昌市和琼海市城镇常住人口流入多，人口集

聚进一步增强，城镇建成区速度高于其他城市。

政策因素对海南岛的城镇扩展起到推动作用，国家的宏观政策及区域发展战略促进了沿海主要城市的发展。国际旅游岛战略实施，使全岛城镇建设用地扩张的速度提高了 30% 左右（2018—2021 年），且主要集中在战略实施的前几年，此后随着时间推移逐渐减弱。国际旅游岛战略实施对海南岛各市县城镇建成区扩张的影响存在地区差异，海口、三亚两地城镇建设用地扩张的规模最大。

参 考 文 献

陈婷，陈忠暖，田良，2017. 后危机时代海南省城镇化发展的空间分异研究. 华南师范大学学报（自然科学版），49(3): 76-83.

陈妍，程叶青，王平，2023. 海南岛户籍人口城镇化时空演变及影响因素分析. 世界地理研究，32(11): 108-118.

戴声佩，罗红霞，胡盈盈，等，2021. 基于 GLC30 数据的近 20 年海南岛土地利用动态变化研究. 农业工程，11(9): 61-69.

侯博文，闫冬梅，郝伟，等，2020. 改进卷积网络的高分遥感图像城镇建成区提取. 中国图像图形学报，25(12): 2677-2689.

海南统计局，1989. 海南统计年鉴（1989）. 北京：中国统计出版社.

海南统计局，1999. 海南统计年鉴（1999）. 北京：中国统计出版社.

海南统计局，2009. 海南统计年鉴（2009）. 北京：中国统计出版社.

海南统计局，2014. 海南统计年鉴（2014）. 北京：中国统计出版社.

海南统计局，2019. 海南统计年鉴（2019）. 北京：中国统计出版社.

海南统计局，2022. 海南统计年鉴（2022）. 北京：中国统计出版社.

海南省自然资源和规划厅，2023. 海南省国土空间规划（2021—2035 年）.

海口市自然资源和规划局，2024. 海口市国土空间总体规划 (2021—2035 年).

李青雯，闫冬梅，令健梅，等，2019. 2018 年海南岛不透水层分布图. 中国科学数据，4(4): 5-13.

李通，闫敏，陈博伟，等，2020. 海南岛海岸带土地利用强度与生态承载力分析. 测绘通报，(09): 54-59.

李彬，李刚，高远，等，2012. 海南省国际旅游岛建设用地需求及土地利用调控研究. 安徽农业科学，40(33): 16149-16422.

刘采，张海燕，李迁，2020. 1980—2018 年海南岛人类活动强度时空变化特征及其驱动机制. 地理科学进展，39(4): 567-576.

乔陆印，刘彦随，陈聪，2015. 海南城乡建设用地集约度评价及利用模式研究. 地域研究与开发，34(3): 118-123.

三亚市自然资源和规划局，2024. 三亚市国土空间总体规划（2021—2035 年）.

唐怡，韦仕川，王湃，2017. 基于 GIS 的区域土地利用均衡度时空差异研究——以海南省为例. 中国农业资源与区划，38(5): 41-47.

韦仕川，杨杨，林肇宏，等，2014. 国际旅游岛建设背景下海南省新型城镇化模式研究. 上海国土资源，35(1): 14-18, 26.

王恒，张丽，毕森，等，2018. 海南城市发展进程遥感监测分析与模拟. 应用科学学报，36(5): 798-807.

熊昌盛，梁雅嘉，胡宇瑶，等，2022. 国际旅游岛战略实施对海南岛城镇建设用地扩张的净效应与作用机理分析. 中国土地科学，36(4): 59-68.

晏群，1993. 海南省城镇化的现状、动力及前景. 城市问题，(5): 39-42, 35.

杨晟，2015. 加快推进海南省城镇化建设的建议. 新东方，(4): 45-48.

张弛，2022. 海南岛大数据支撑的可持续发展指标监测与综合评估方法研究. 江苏海洋大学硕士学位论文.